中公文庫

国境を越えたスクラム

ラグビー日本代表になった外国人選手たち

山川　徹

中央公論新社

プロローグ

久しぶりの風景が、記憶の断片と現代社会を巡る問題をつなぎ合わせた。

長野県上田市の菅平高原に滞在する知人を訪ねたのは、二〇一七年八月下旬のことだった。

菅平は、グラウンドが一〇〇面以上も設置され、夏には日本中のラグビーチームが合宿を行う「ラグビーの聖地」と呼ばれる場所である。

高校、大学とラグビー部に所属した私にとって、約二〇年ぶりの菅平。上田駅を出発したバスは、つづら折りの山道を上っていく。車窓を眺めていると、胸が自然に高鳴った。そこには熱暑の東京とは別世界が広がっていた。強い陽射しを和らげるかのように、ときおり土と草の香りをはらんださわやかな風が吹き抜ける。

汚れたジャージを着た選手たちが、スパイクを片手に、それぞれの宿舎に歩いていく。連日の疲労だろう。引きずるような足取りではあるが、表情には練習や試合を乗り切った解放感と充実感が浮かぶ。

懐かしい風景だった。だが、一つの変化に気がついた。

それは、外国人選手の数である。

私がラグビーをしていた約二〇年前、外国人留学生といえば、大東文化大学と仙台育英高校くらいにしかいなかった。いま強豪大学を見渡せば、留学生がいないチームの方が少ないくらいだ。ラグビー留学生の増加は高校も同じである。あちこちに点在するグラウンドにも、そして宿舎へと連れだって歩く選手たちのなかにも、外国人と思しきプレーヤーが目に止まった。

それは、日本社会の動きに比例しているのだろう。一九九七年の外国人登録者数は一五〇万人に満たなかったが、二〇一八年の時点で二六三万人をこえている。二〇年で一〇〇万人以上も増えたのである。いまや、私たちはコンビニや居酒屋で働く外国人と毎日のように接している。

日本人と外国人の選手がグラウンドでともに汗を流し、試合後、ダベりながら宿舎に帰っていく……。そんなありふれたシーンの一つ一つに、記憶のピースが蘇った。

それが山形県の実家に、長いこと貼られていた一枚のポスターである。

芝のグラウンドの上で、十数人の屈強な男が肩を組んで、弾けるような笑顔でガッツポーズをつくり、ビールジョッキをかかげる集合写真だ。赤と白のストライプのジャージは、汚れと傷みが目立つ。頬や膝に擦り傷をつくり、耳をガードするために頭に巻いたバンデージもほつれている。

いま思い出すと、毎日目にするには、いかつく、むさ苦しいうえ、たいそうな圧迫感を与える写真である。だが、当時は、男たちの表情から全力を尽くした疲労感と目的を達成した喜び、ともに戦った仲間が隣にいる安心感が伝わってきて、私の胸をアツくした。

一九九四年一〇月二九日、マレーシアのチェラス競技場で撮影された一枚だ。被写体となったのは、第三回ラグビーワールドカップ（以下、W杯）のアジア予選決勝で韓国代表に勝利し、本戦出場を決めた直後の日本代表の選手たちである。薫田真広、桜庭吉彦、梶原宏之、堀越正巳、廣瀬佳司、吉田義人、元木由記雄、そしてトンガ出身のシナリ・ラトゥ……。

山形中央高校のラグビー部員だった一七歳の私は、そのポスターが気に入って自室に貼りつけた。以来、実家を離れても、小壁にずっと貼られっぱなしになっていた。たぶん一〇年以上はそのままだった気がする。帰省するたび、なんとはなしに目に入る。いつしか実家の風景に溶け込んでいた。

大学を卒業してフリーライターとなった私は、たびたびポスターを思い出した。振り返れば、それは決まって国際化の現場を取材し、原稿を書いていたときだった気がする。

私がフリーライターとして活動をはじめたのは、二〇〇一年ごろだった。

コンビニで働く外国人はまだまだ珍しかったし、インバウンドも少なかった。韓国や在日コリアンに対する偏狭で暴力的なヘイトスピーチもまだ出現していない。

けれど、在留外国人の増加とともに、国際化がはらむ問題が顕在化していった時期だったのだろう。意図してはいなかったが、国際化の現場を訪ねる機会がひんぱんにあったのだ。

少子高齢化対策で行政が主導してフィリピン人や中国人の女性との国際結婚を進めた山形県の農村を訪ね、ベトナム難民がまとまって暮らす神奈川県横浜市のいちょう団地、日系ブラジル人たちが生活する愛知県豊川市の市営団地などに足を運んだ。

あるいは、国際お見合い結婚で来日した中国人妻が日本人の夫をインスリンで殺害しようとした千葉県横芝光町の事件現場を歩き、かつて外国人娼婦が鈴なりに並んだ横浜市黄金町で酒を飲み、クルド人難民が集う埼玉県蕨市のレストランでクルド料理に舌鼓を打つ。

日本各地への旅をくり返し、改めて日本にとっての共生社会とはなにかを考え、どんな形が理想的なのかと想像したとき、ふと蘇るのが、実家のポスターだった。

ポスターには、ラトゥのほかにも、ラトゥ同様にトンガから大東文化大に留学していたシオネ・ラトゥ、フィジー出身で日野自動車（現日野レッドドルフィンズ）に所属したブルース・ファーガソンが写っていたと記憶している。

私は、彼らを〝助っ人外国人〟とは見ていなかった。

海外出身の彼らが日本代表として戦う姿は自然で、違和感がなかったからだ。

日本人選手と海外出身選手が互いに尊重し、理解し合い、融和し、勝利を目指す。その過程で軋轢や衝突もあったかもしれない。

けれども、試合で見るラグビー日本代表の姿は、調和がとれた一つのチームだった。

外国人の受け入れが生んだひずみを見る機会が多かった私には、ラグビー日本代表こそが、日本社会が目指す一つの姿ではないかと思うようになっていたのである。

二〇〇〇年代前半に入り、在日コリアンや韓国を標的にしたヘイトスピーチが出現した。当初は異端な考えだと誰も相手にしなかったはずだ。しかしいつしか社会に認知されて、韓国との国交断絶や、外国人排除を公約に掲げる政党まで誕生した。人の尊厳を踏みにじるあまりに不寛容な言葉が社会に定着してしまった気味悪さを感じる。

だからこそ、なおさら菅平の風景と実家のポスターが、日本人と外国人の調和の象徴であり、目指すべきダイバーシティの一つのモデルとして浮かび上がってきたのだと思う。

日本代表としてプレーした海外出身選手の歩みを辿ってみたい。そんな気持ちが強まった要因の一つが、二〇一八年一二月に成立した「出入国管理及び難民認定法（入管法）及び法務省設置法の一部を改正する法律」である。

日本は二〇一九年四月から外国人労働者の受け入れをスタートした。政権は否定するが、事実上の移民政策であるのは誰の目にも明らかだ。私には、日本人がやりたがらない危険で低賃金の仕事を外国人労働者に押しつけていく政策にしか見えない。

今後、日本の姿は、間違いなく変わっていくはずだ。そのプロセスで、ボタンを掛け違えれば、新たな差別を生み出し、分断は広がっていくに違いない。受け入れは、すでにはじまっている。

これから来日する外国人も、日本代表となった海外出身選手も、日本と異なる文化や環境で生きてきた一人の人間には変わりはない。彼らはどのような経緯で日本を代表するにいたったのか。日本を選んだ様々な理由があるはずだ。

ラグビー日本代表のあり方に、これからの日本社会が歩むべきヒントが隠されているのではないか。そんな直感めいた思いがよぎったのである。

とはいえ、だ。

最初から日本代表のジャージを着る海外出身選手を抵抗なく受け入れられたのか、と改めて問われると自信がない。たぶん慣れが大きかったのではないかと思う。

一九七七年生まれの私は、ラグビーファンだった祖父の影響で、子どものころから試合中継を観戦してきた。

幼い私にとって日本ラグビーとは、一九七九年から一九八五年に日本選手権七連覇を達成した新日鉄釜石（現釜石シーウェイブスＲＦＣ）であり、一九八九年から一九九五年にやはり七連覇を果たした神戸製鋼（現コベルコ神戸スティーラーズ）だった。スポーツ専門チャンネルなんてなかった時代である。

私が生まれた山形でラグビー中継が放送されるのは、社会人大会や日本選手権の決勝くらいだった。だから毎年試合を見られた二チームを自然に好きになったのだろう。

そして、神戸製鋼の七連覇を阻もうと挑んだのが、日本代表のラトゥをはじめとした〝ガイジン選手〟を擁した三洋電機（現埼玉パナソニックワイルドナイツ）だった。テンポよいパス回しで素早くボールを動かす神戸製鋼と、パワフルなトンガ人を中心に泥くさくひたむきなプレーをくり返す三洋電機。また、都会的でスタイリッシュな平尾に対して、三洋電機の選手たちは荒々しい風貌から野武士軍団と呼ばれた。

山形の少年にとって、まだ知らぬ神戸という街のイメージともあいまって、神戸製鋼のラグビーがとてもおしゃれに見えた。単に田舎者でミーハーだっただけなのだが、トンガ人選手を主力とした三洋電機は、私にとってヒールだったのである。

神戸製鋼が五連覇を成し遂げた一九九三年に山形中央高校に入学した私は、ラグビー部に入部した。そのころから見るようになった国際試合では、日本代表にラトゥらトンガ人選手が名を連ねていた。

なぜ、日本代表に〝ガイジン〟が……。そんな小さな疑問がよぎった。

だが、違和感以上に、神戸製鋼を苦しめるラトゥたちが日本代表なら、これほど心強いことはないと理屈抜きの頼もしさを感じた。

私がラグビーをはじめた一九九〇年代、社会人の外国人選手だけでなく、高校や大学にも留学生が増え、日本代表もどんどん海外出身選手を起用するようになった時期だったのも大きかった。

彼ら海外出身の選手たちが、日本代表に上り詰め、桜のジャージを着て戦う。それは、いつしかあたり前の風景となっていたのである。

日本人選手と海外出身選手が融合するカルチャーが実を結んだのが、二〇一五年のラグビーW杯イングランド大会の躍進だろう。

二〇一一年までのW杯での日本代表の戦績は、一勝二一敗二分け。しかし二〇一五年W杯で、ヘッドコーチのエディー・ジョーンズが率いた日本代表は、三勝一敗で予選リーグを終える。

勝点差で惜しくも決勝トーナメント進出は逃したものの、海外メディアは過去優勝二回をほこる南アフリカ代表からあげた金星を「ラグビー史上最大の番狂わせ」と報じ、「最強の敗者」と称えた。

国内もわいた。日本ラグビーは、かつてないスポットライトを浴びた。

手を胸の前で組む〝五郎丸ポーズ〟から、次々とキックを決めて得点をあげる五郎丸歩や、キャプテンでニュージーランド出身のリーチマイケルらは瞬く間に時の人となった。

同時に、海外出身選手の多さに戸惑いを覚えた人も多いのではないか。

オリンピックやサッカーW杯など主要な大会は国籍主義がほとんどだから、なおさらだろう。否定的な声も聞いた。曰く「強い外国人がいるなら勝ってあたり前」「外国人選手ばかりの日本代表なんて応援する気にならない」……。

当時の日本代表メンバーは三一人。海外出身選手は一一人を数える。ニュージーランド、オーストラリア、トンガなどからなる多国籍チームだったのである。

だが、それは日本だけではない。

ウェブサイト「Americas Rugby News」によれば、二〇一五年のW杯出場国のなかで、外国出身選手をもっとも起用した国は、サモアの一三人。次いでウェールズ、スコットランド、トンガが一二人。日本は二〇カ国中、五位となっている。そして六位に一〇人のフランス、七位に九人のオーストラリア、イタリア、アメリカと続く。参加した二〇カ国のうち、外国出身選手がいない国はアルゼンチンだけだった。

現在は、次の三つのうち、いずれかを満たせば国籍と異なる国の代表としてプレーできる。

〈出生地がその国〉

〈両親、祖父母のうち一人がその国出身〉

〈その国で三年以上、継続して居住。または通算一〇年にわたり居住〉

ちなみに二〇一九年W杯日本大会以降、三年居住は五年居住への変更が決定している。

二〇一四年秋、W杯イングランド大会を一年後に控えたリーチマイケルに話を聞いた経験がある。

彼は、生まれ育ったニュージーランドと母親の故郷であるフィジーの代表になる資格があったが、日本に帰化し、桜のエンブレムを胸にプレーする道を選んだ。

北海道の札幌山の手高校に留学したリーチは、東海大学時代に日本代表に選出される。卒業してからは東芝ブレイブルーパス（現東芝ブレイブルーパス東京）に所属していた。

「来日したときに日本の選手のうまさに驚きました。そしてぼくは日本のラグビーにかかわるたくさんの人たちにお世話になって、プレーヤーとして成長できた。でも、残念ながら海外では日本のラグビーを下に見る人が多いでしょう。日本ラグビーがバカにされるようで、悔しかった。だったらぼくが日本代表になって、海外ラグビーを見返してやろう、と。もちろんオールブラックス（ニュージーランド代表の愛称）への憧れはありましたが、日本で受けた恩をラグビーで返したいと思ったんです」

そもそも、ラグビーの代表は、なぜ国籍を問わないのだろうか。私が東京都築地にある水炊きの名店「新三浦築地本店」を訪ねたのは二〇一八年秋のことである

「確かに、はじめてラグビーをごらんになる方は、なんで日本代表なのに外国の選手ばかりなんだと戸惑うかもしれませんね」

そう語るのは、早稲田大学ラグビー部ＯＢの白井善三郎である。一九三二年生まれの彼は「新三浦」を営みながら、一九六〇年代後半から一九九〇年代にかけて早稲田大学ラグ

ビー部の監督や、日本代表強化委員長などを歴任した。戦後の復興から高度経済成長、そしてグローバリゼーションが進む現在までをラグビーとともに歩んできた人物だ。

「ノフォムリ、ラトゥ、イアン・ウイリアムス、ファーガソン……」

白井は、かつて日本代表として戦った海外出身選手の名を指折り数えた。

「みんな仲間という感じですね。あのころは、代表を強化したいから強豪国から選手を引っ張ってくるなんて発想はなかった。日本で暮らして日本で活躍している外国人選手を自然に日本代表の合宿に呼んだんです。たとえば、ラトゥは大学時代から日本でプレーし、九年間もジャパンとして戦ってくれた。彼は、私たちにとって一緒に目的に向かう同志でした。関係者の間には、海外出身だから選ばないとか、日本人を優先しようとか、そういう意識はありませんでした。もちろん代表選手たちも、外国人だから、日本人だから、なんて区別もなかった。当時は三年居住のルールもなく、その国に居住しているか、祖父母どちらかの出身地で代表になれた時代でしたから」

白井は、ラグビーの代表チームが国籍にこだわらない理由を、このスポーツが生まれた歴史からひもといていく。

「ラグビーは、一九世紀にイングランドで誕生し、イギリスで発展したスポーツです。その後、かつてのイギリスの植民地だった国々で広く根付きました。国と国との交流のなかでルールがつくられていったんです」

ラグビー発祥のきっかけは諸説ある。もっとも広く知られているのは、ウィリアム・ウェブ・エリス少年説だろう。

この伝説をはじめて聞いたのは、高校入学直後の春だった。

はじめてのゴールデンウィーク合宿中、部員全員が食堂に集められた。前年まで山形中央高校の監督をつとめて、当時、仙台大学ラグビー部の監督と高校日本代表の監督を兼任していた勝田隆が三年生部員を指名し、私たち一年生にエリス少年伝説を教えるようにうながしたのである。

――一八二三年のある日、イングランド中部の州であるウォリックシャーにあるパブリックスクールの一つ、ラグビー校の校庭でフットボールの試合が行われた。エリス少年は、相手の蹴ったボールを手でキャッチし、なんと小脇に抱えて敵陣を目指して走り出した。当時のフットボールは、サッカーとは違って、ボールを手で触ってもよかったが、蹴って前進する必要があった。エリス少年のルール違反が、ラグビー誕生のきっかけとなった。

そんな内容を三年生が説明した。

エリス少年伝説は、一緒に教えられたラグビーボールが楕円形になった理由とともに記憶に残った。ブタの膀胱をボール代わりに使っていたから楕円形になったらしい。

一九世紀半ばになるとイングランド各地にラグビーが伝わり、いくつかのクラブが誕生する。一八七〇年には、当時のイングランドとともにイギリスを構成していたスコットランド、アイルランド、ウェールズなどにもクラブがつくられた。

そして一八七一年、イングランドとスコットランドの間で、史上初のテストマッチが開催された。それからイングランド、スコットランド、ウェールズ、アイルランドの間でテストマッチが行われるようになり、四カ国対抗に発展する。互いに隣り合う四カ国では、住民たちの往来が盛んだった。また、ラグビーが広まった大英帝国の植民地でも人がひんぱんに行き来し、新たな地で居を構え、子どもを育てた。国籍にこだわらない国の代表。ラグビーならではの発想はそんな背景から生まれ、ルールとして定着したと言われている。そして、四カ国対抗にフランスとイタリアをくわえた六カ国対抗（シックス・ネイションズ）が、現在も続けられている。

日本にラグビーが伝えられたのは、一二〇年前の一八九九年。明治三二年秋である。慶應義塾大学で、イギリスのケンブリッジ大学でラグビーをしていた英語講師のE・B・クラークと、やはりケンブリッジ大学に留学し、プレー経験を持つ田中銀之助が塾生とともに楕円球を追いはじめたのだ。

慶應大学蹴球部が活動をはじめると、明治末期に京都にあった旧制第三高等学校と同志社でラグビー部がつくられた。さらに大正時代に入り、早稲田大学や東京大学、京都大学、明治大学などでもラグビー部が創部される。

では、日本代表はいつから活動したのだろうか。

「我々が生まれる前には、日本代表はすでにはじめての海外遠征を行っているんですよ。海外出身の選手と日本代表という点で言えば……」

言葉を切った白井は、早稲田大ラグビー部の名簿をめくった。

「戦前には中国や台湾、韓国から来日したたくさんの留学生たちも日本でラグビーをはじめました。最初のテストマッチにも台湾出身の選手が出場しているんです」

名簿には〈柯《か》子《し》彰《しょう》〉〈昭和九年卒〉とあった。

一九三〇年九月、大学ラグビー部の選手やＯＢを中心に結成された日本代表は、はじめての海外遠征を行う。行き先はカナダ。白井が生まれる二年前のことである。

日本代表初のテストマッチもこの遠征中に行われた。

九月二四日、日本代表はカナダＢＣ州代表と対戦する。結果は、互いにトライを一本ずつ取り合って三対三の引き分け。柯は13番で先発出場していた。

ルーツにこだわらないラグビーの神髄を知った気がしたのは一九三四年二月、神宮競技場にオーストラリア学生選抜を迎えた四回目のテストマッチだ。柯が日本代表の主将をつとめていたのである。

戦後、故郷に帰国した彼は、台湾ラグビー協会を設立。台湾でラグビーの普及に尽力して「台湾ラグビーの父」と慕われた。多様なルーツを持つ選手たちが、一緒になってチームをつくってきた日本代表の原点とも呼べるプレーヤーだったのである。

柯がはじめて日本代表となってから八九年の歳月が流れている。

私がラグビー日本代表となった海外出身の選手たちを訪ねはじめたのは、ラグビーW杯日本大会が一年後に迫った二〇一八年秋のことである。

目次

※本文中の肩書きなどは単行本刊行当時（二〇一九年）のものです。ただし、ジャパンラグビーリーグワン所属チームの二〇二三年現在の名称については、初出箇所に（　）で記載しています。

国境を越えたスクラム——ラグビー日本代表になった外国人選手たち

ラグビー（15人制）のポジションと背番号

１チーム15人で編成される。８人のフォワードと７人のバックスに分けられ、ポジションごとに１番から15番の背番号が割り振られる。

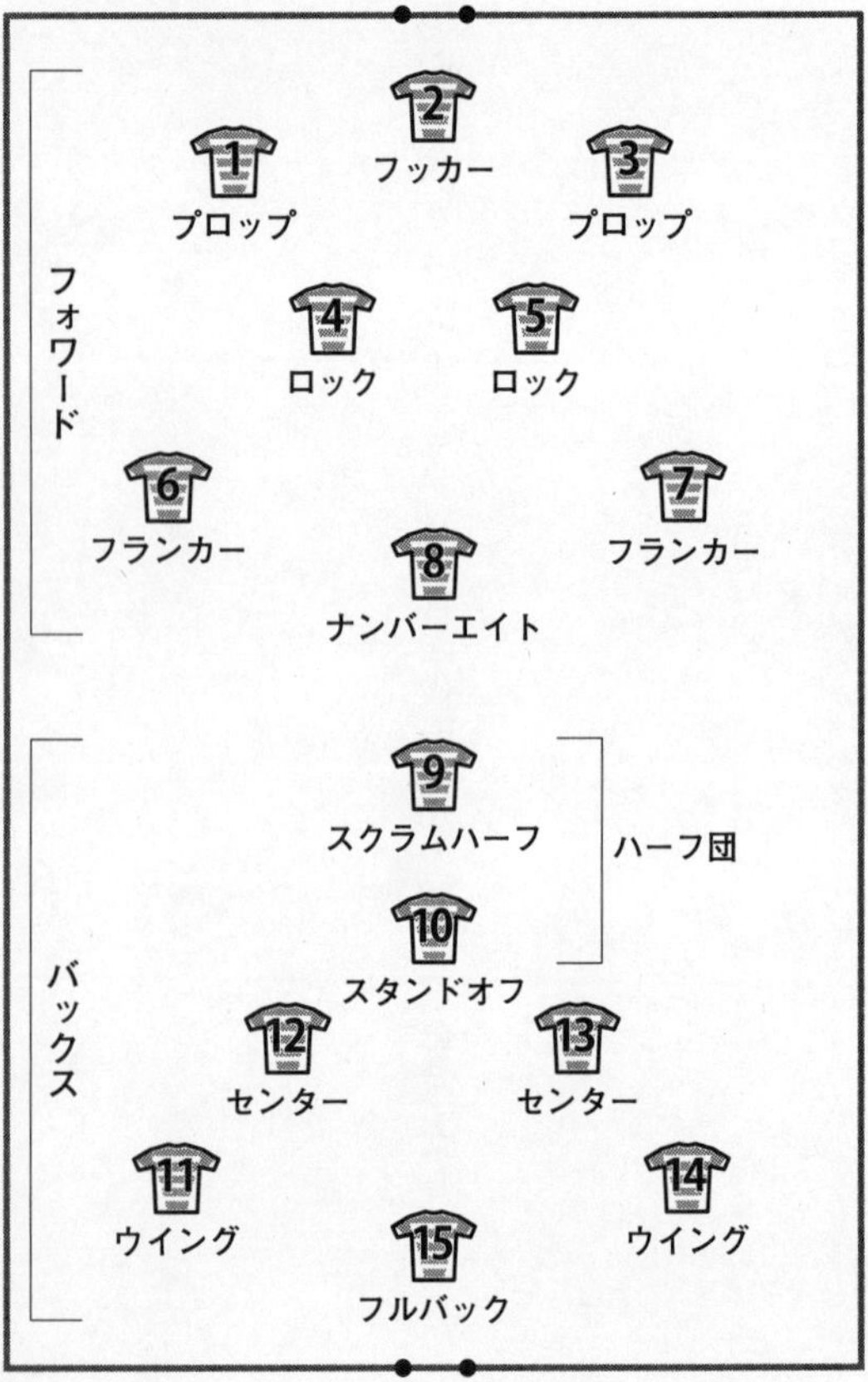

第1章　トンガからの留学生

ノフォムリ、ホポイ、そしてラトゥ

三洋電機時代のラトゥ（読売新聞社提供）

秩父宮ラグビー場とラトゥ

〈ラトゥ志南利〉

名刺にはそう記されていた。

秩父宮ラグビー場近くのコーヒーショップで待ち合わせたラトゥは、窮屈そうに備え付けチェアに腰掛けた。現役時代のサイズは一八四センチ、一〇〇キロ前後。当時に比べると、頬に肉がついただろうか。目を細めた笑顔に、屈託のない大らかな人柄がにじむようだった。

「留学の話があったとき、日本の生活や考え方に合わなかったらトンガにもどろうと考えていたんです。そのころからニュージーランドやオーストラリア、アメリカで働いたり、留学したりするトンガ人はたくさんいましたが、まだ日本に行くトンガ人はほとんどいなかったでしょ。私も日本のことをほとんど知らなかったからね。取りあえず、行ってみるかと。好奇心ですよね。だからまさかこんなに長く日本にいるとは、考えもしていなかった。あっという間に三〇年以上が過ぎた感じですね」

ラトゥは一九六五年、南太平洋のトンガ王国で生まれた。一九八五年に大東文化大学に留学。来日二年目の一九八六年シーズンに大東大ラグビー部を大学選手権初優勝に導き、二年後も同大が大学選手権を制する原動力となった。

卒業後は三洋電機ラグビー部に進んだ。一九八七年の第一回大会から一九九五年の第三回大会まで、日本代表として三つのW杯を戦った。

引退後に帰化し、シナリ・ラトゥからラトゥ志南利に改名。現在はパナソニック産機システムズ株式会社の社員として、スポーツ施設などの大型空調設備の営業を担当する。その仕事の合間をぬって、大東大ラグビー部のアドバイザーとして後輩の指導にあたっていた。

一時間ほど話を聞いたあと、私は、ラトゥとともに秩父宮ラグビー場に足を延ばした。二〇一八年一一月二五日、関東大学リーグ一部第八週。第二試合にリーグの優勝をかけた大東大対東海大が予定されていた。その前に行われる流通経済大学と法政大学の試合を観戦しようと思ったのである。

秋晴れの空にほとんど風は舞っていない。気温は一二度。絶好のラグビー日和である。すでにゲームがはじまっている。

四勝一敗一分けの三位で大学選手権進出を決めている流経大に、四位の法政大が挑んだ試合。三勝三敗の法政大にとっては勝っても負けても、これがシーズンのラストゲームだ。

留学生のパワーを起爆剤にした流経大と、バックスのスピードを武器にした法政大。互いの持ち味を活かしたゲームだった。フィジー出身の留学生が一八三センチ、一〇〇キロのサイズを活かし、背後から押さえ込もうとする二人のディフェンスを引きずりながらト

ラトゥ志南利

ライを奪ったかと思うと、法政大もすぐに快足揃いのバックスに展開する。二一対二二。法政大がシーソーゲームを一点差で制した。

「いいトライでしたね」

試合を見つめるラトゥが、自然な日本語でつぶやいた。ラトゥとラグビーを観戦したのは、五、六〇分ほどだっただろう。私にとっては贅沢でかけがえのない時間だった。

両チームの一つ一つのプレーに、ラトゥは「あぁっ、惜しい」「ナイスタックル！」「そこで蹴ったらアカンでしょ」と言葉を漏らした。

彼は、いまも純粋に、心底ラグビーを愛しているのだと思った。スタジアムの片隅に溶け込んだ風景に、彼がラグビーファンに愛された理由の一端を垣間見た気がしたのである。

試合が終わるとラトゥは、インゴールを指さして苦笑いした。

「そこで、逆転されたんですよ」

その言葉が、なにを示すか、すぐに分かった。ラトゥがもっとも印象に残ると振り返るゲームの一つだ。

伝説のトライ

一九九一年一月八日、三連覇を狙う神戸製鋼に、初優勝を目指す三洋電機が挑んだ第四三回社会人大会決勝である。

中学生だった私も祖父と試合中継を観戦していた。のちに「伝説のトライ」と呼ばれるシーンは鮮烈に記憶に刻まれる。

シーズン前、三洋電機は初優勝を狙える陣容を整えた。ラトゥとともにトンガから大東大に留学したワテソニ・ナモアも新戦力として加入する。さらに三洋電機には、大東大のトンガ人留学生第一号で、トンガと日本――二つの国の代表としてプレーしたノフォムリ・タウモエフォラウも在籍していた。

ラグビーでは、国家代表同士の真剣勝負であるテストマッチに出場するとキャップと呼ばれる帽子が授与される。

ラトゥの日本代表キャップ数は三二。つまり日本代表として、三二回も戦ったのである。

しかし彼は、留学前にトンガ代表としてプレーした経験も持つ。

過去にある国の代表になった選手が他国の代表にはなれないと定められたのは、二〇〇〇年のことである。それまでは条件さえ満たせば、どの国の代表としてプレーするか選手が自由に選択できた。来日前に、トンガ代表キャップを獲得したノフォムリやラトゥのジャパン転身も可能だったのである。

この試合に出場したメンバーを見ると往年の名選手たちが名を連ねる。両チームのスターティングメンバー三〇人のうち日本代表キャップを持つ選手をあげてみよう。

まずは神戸製鋼。2番の弘津英司。4番と5番が林敏之と大八木淳史のロックコンビ。9番の萩本光威。12番がミスターラグビー平尾誠二。14番はワラビーズ（オーストラリア代表の愛称）のジャージも着た弁護士のイアン・ウイリアムス。15番の細川隆弘の七人。対する三洋電機は三名。6番の宮本勝文と8番のラトゥ。そして13番のノフォムリ。

スター軍団の神戸製鋼に、たたき上げの三洋電機が立ち向かう構図。三洋電機にとっては、前身の東京三洋時代から数えると五度目の決勝で、初優勝をかけたゲームだった。三洋電機は、前半一七分にラトゥのアタックから先制点を挙げると試合を優勢に進めていく。だが、後半に入り、神戸製鋼も意地を見せて平尾とウイリアムスを軸に攻め続ける。神戸製鋼が平尾と切り札のウイリアムスにボールを集めるたび、ラトゥ、そしてノフォムリが強烈なタックルで立ちはだかる。

試合は三洋電機リードで終盤を迎える。一六対一二。時計は後半四〇分を過ぎていた。

ロスタイムに入り、何分が過ぎただろうか。ノーサイドのホイッスルが、いつ響いてもおかしくない状況だった。

一三歳の私も、祖父とともに固唾を呑んでブラウン管を見つめていた。同じような思いで、日本中のラグビーファンが一つ一つのプレーに一喜一憂したのだろう。試合を観戦していた誰もが、三洋電機の初優勝……と思いはじめていた。

そして神戸製鋼の最後のアタックがはじまる。ナンバーエイトの大西一平がボールを持ち込んで、自陣の一〇メートルラインの左側に密集をつくる。ボールを拾い上げたスクラムハーフの萩本はスタンドオフの藪木宏之へつなぐ。藪木の一人を飛ばしたロングパスは、ワンバウンドとなる。

膝元の高さの楕円球は、平尾の手に吸い付くようにピタリとおさまった。平尾はディフェンス二人の間をぬうようなコースを選び、タックルを受けながら山なりのパスをウイリアムスに放る。ウイリアムスは、ハーフウェーライン付近で、片手でボールをキャッチすると一気に加速した。しかしナモアがぴたりと併走する。俊足ランナー同士の五〇メートルのデッドヒート。最後の最後、ウイリアムスが追いすがるナモアを振り切り、同点とし、トライ後のキックも決めて、逆転。一六対一八。秩父宮ラグビー場に、ノーサイドのホイッスルがこだました。

大げさではなく、身体が震えた。

その後、数え切れないほどゲームを見たが、あれがラグビーを見て鳥肌が立ったはじめての体験だった。そして、のちに「伝説のトライ」と呼ばれるシーンを見て、いつか自分もラグビーをやってみたいと思ったのだ。

「やっぱりあの試合は忘れられないよね。いまも、たまに思い出して、もうちょっとこうやれば、ああやっていれば、と考えるくらいだから……」

ノフォムリは、二七年前の神戸製鋼戦を振り返った。

私が、ノフォムリが勤務する埼玉県深谷市の埼玉工業大学に足を運んだのは、二〇一八年一一月下旬。ラトゥと秩父宮ラグビー場でゲームを観戦した二日後のことである。ラトゥに来日当初の苦労について聞くと「そんなに苦労はなかったよ」とさらりと語り、こう続けたからだ。

「大東大のみんなも、ウェルカムっていう感じで受け入れてくれたしね。言葉が分からないのに部屋に遊びにきてくれたり、一緒に飲んだりしたね。でも、それはたぶん、ムーリー（ノフォムリの愛称）のおかげ。きっとパイオニアとして、私たちが知らない苦労をしたんだと思いますよ。私たちも本当にサポートしてもらいました。トンガ人留学生がはじめて日本にきてどんなことを体験したのか。そこは、彼に聞いた方がいいかもしれないね。ムーリーたちがいなければ、こんなにトンガ人選手が日本で活躍できたか分からないですよ」

高崎線の岡部駅から埼工大まではスクールバスで三分ほどの距離にある。ブロッコリー畑が広がるのどかな風景のなかをバスは走っていく。私は、二時間ほど前にあったノフォムリからの電話を思い出していた。

「今日は岡部駅からですか。そうしたら一三時四五分に駅前を出るスクールバスがちょうどいいかもしれないね」

さり気ない一言が、彼が生来持つ優しさに加えて、トンガ人初の留学生として来日し、異文化に順応しようとした経験、そして二〇年をこえるサラリーマン生活で培ってきたであろう、気遣いや几帳面さを感じさせた。

ノフォムリ・タウモエフォラウ

ノフォムリは空き教室で自身の歩みをゆっくりとした穏やかな口調で話しはじめた。

「二三歳で日本にきて、二回目のW杯前にケガをして三三歳で日本代表を引退して、三洋電機で三五歳までラグビーを続けたかな」

トンガ語で「ノフォ」は「住む」、「ムリ」は「外国」を意味する。その名が示すように、ノフォムリが海をわたり、もうすぐ四〇年になろうとしている。

現役を引退したあとノフォムリは、会社員

として三洋電機に残り、海外にエアコンを輸出する仕事などを手がけた。二〇〇五年に埼工大の職員となり、ヘッドコーチとしてラグビー部を指導している。

「私にとってラグビーは趣味。仕事は仕事、趣味は趣味。そのスタンスはずっと変わりませんよ。趣味だけど、ラグビーが好きだからホンキになる。私はそういう性格なんですよ」

ホンキ。その言葉を聞き、すぐに結びついたのが「伝説のトライ」が生まれる六分前のプレーである。

「ノフォムリですね。すごいタックルにいきましたね」

あの一戦をテレビ中継で解説していた白井善三郎が感嘆した。

後半終了間際、攻め続けるしかない神戸製鋼が、自陣二二メートル付近から右に展開した。パスを受けた神戸製鋼の杉本慎治は、外に逃げるようなコースをとる。三洋電機のディフェンスの視線が一瞬、杉本を追う。その隙を突き、内に切り込んできたウイリアムスが、杉本と交差してボールを受ける。ディフェンスの反応が遅れた。形勢逆転か、と思った瞬間、身体を反転させたノフォムリが右肩を突き上げるようにして止めにかかる。

タックルというよりも、衝突。衝撃に両脚をすくわれるように浮かせたウイリアムスは、背中からグラウンドに叩きつけられた。ラグビーが内包する格闘技の要素を象徴するプレーだった。ノフォムリは言う。

「日本のラグビーは、パスを素早くスマートにつなぐでしょう。日本のチーム同士のゲームはボールが動くから面白い。スキルとランニングのスピードが日本のラグビーの特徴。でもトンガは違う。縦のラグビー。肉体のぶつかり合いですね。トンガでは相手が痛がるところに思いっきりタックルに行く。たとえば、パスを受けるとき、ボールに集中するから死角ができる。相手が見えない位置からガードができない脇腹に思いっきりタックルに入って、ダメージを与えるんです」

ふとノフォムリの左手に目をやると薬指が大きく湾曲していた。視線に気づいたのか。彼は指をさすって「このケガも大学時代。法政とやったときかな。ボキッと折れて靭帯もキレちゃったんだけど、テーピングをぐるぐるに巻いて最後まで試合に出たよ」と笑う。生身の人間同士が、トップスピードでぶつかり合うのだ。激しいプレーをくり返せばくり返すほど自分も無傷でいられない。曲がった指は〝ホンキ〟で取り組んだ趣味の代償に違いなかった。

同じ人間とは、とても思えない。ノフォムリとともにプレーした大東大ラグビー部のOBが語った言葉である。

学生時代からノフォムリのプレーは、大東大の選手、いや日本の大学レベルを凌駕していた。スピードあふれるパワフルな突破に、相手選手を骨ごと粉砕してしまうかのようなタックル……。それは、比喩ではない。

実際、ノフォムリのタックルを食らって歯を折ったり、ケガをしたりした選手がたくさんいたのだという。それまでもラグビーをプレーした短期の留学生はいたが、社会人チームにも他国の代表クラスの外国人選手はいない時代だった。

トンガ代表を経験したノフォムリは、まさに鎖国状態の日本ラグビー界に、突如あらわれた黒船と呼べるインパクトを与えたのである。

海外を目指すトンガの若者たち

世界地図を開く。

南太平洋に浮かぶトンガ王国は、ニュージーランドの北東に位置する。ニュージーランド最大の都市であるオークランドから首都ヌクアロファまでは海を隔てて二〇〇〇キロほど。東京から見ると、約八〇〇〇キロ南東に連なる約一七〇の島々からなる島嶼国家である。

日本の外務省のホームページによれば、面積は約七二〇平方キロメートル。玄界灘に浮かぶ長崎県対馬市や北海道石狩市などと同じくらいの広さである。人口は一〇万八〇〇〇人。これは、埼玉県富士見市、愛媛県西条市ほどの規模だ。主要産業は、農業と漁業。GDPの四・二六億米ドルは、日本の一万分の一に過ぎない。

ラグビーが盛んな国柄はその歴史に由来する。

一八七五年、トンガを統一した国王ジョージ・トゥポウ一世が、イギリス人宣教師のアドバイスで、憲法を制定して近代国家を樹立する。その後、イギリスの保護領を経て、一九七〇年に独立し、イギリス連邦の加盟国となる。トンガにも、またイギリスがラグビーを伝えたのだ。

社会人類学者の須藤健一著『オセアニアの人類学』によれば、統一後、トンガでは一六歳になった男子には農地と宅地を割り当てていた。農地で栽培したバナナやココナッツ油の原料となるコプラなどを輸出し、国家の財政を支えた。また第二次世界大戦後はイギリスなどからの援助で、学校や病院、道路、港湾などのインフラ整備が進んだ。

だが、一九六〇年代になると南洋の島嶼国家も、グローバリゼーションの波をもろにかぶる。輸出相手国の農作物市場価格の変動や、輸送コストの高騰により、国内経済が停滞する。

またインフラが整った影響で、人口が増加した。その結果、男子に割り当てるべき土地がなくなってしまう。耕地が不足し、農業に携われない男たちは、公務員か教会の職員になるしかなかった。当然ながら、行政も教会も求職者全員を雇える余裕はない。国内には、失業者があふれた。そうした問題を解決するために、協定を結んだニュージーランドに労働者を送り出しはじめる。

一九六六年に一三八九人だったトンガからニュージーランドへの移住者は、右肩上がりに増え続けた。一九七六年は三八六六人。その一〇年後の一九八六年には一万三六一一人に急増。その後も増え続け、二〇〇六年には五万人をこえる。

若者たちが学ぼうにも、トンガ国内には大学がない。向上心を持つ若者が海外を目指すのは必然だった。そうしてニュージーランドだけでなく、アメリカやオーストラリアなど英語圏の国々に渡航する移住者も増えていった。移住者の正確な統計はないらしいが、国外に一〇万人のトンガ人が暮らしているという説もあるらしい。国内の人口と同じ数のトンガ人が、海外で暮らしていると推測されている。

海をわたる。

それは、トンガの青年たちにとって、自分の未来と家族の生活をかけた切実な選択となっていったのである。

「ラグビーしかないんですよ」

トンガでまだ農業や漁業に依拠する安定した国家運営が行われていた一九五六年、ノフォムリは、首都ヌクアロファ郊外のロンゴロンゴ村で生まれた。船舶の通信などを管轄する役所に勤務する父は、キリスト教会の聖歌隊の指揮者をつとめる音楽家でもあった。彼は、下に三人の弟と三人の妹を持つ長男として育つ。

「トンガには、ラグビーしかないんですよ」とノフォムリはふるさとを懐かしむ。

夕方になると、町のあちこちで仕事や学業を終えた男たちが老いも若きもラグビーをはじめる。そんな環境でノフォムリ少年も自然に楕円球に親しんだ。

楕円球と言い切ると語弊があるかもしれない。

「たとえば、椰子の実があれば、自然にラグビーがはじまる。男はほとんどラグビーをやりますね。小学校に入れば、休み時間はみんなラグビー。とくに昔は、ラグビー以外のスポーツなんて、ボクシングくらいしかなかったかな。小学校時代はタックルなしだけど、中学になると遊びでもみんなホンキでタックルに入っていたね」

一一歳になったノフォムリは、イギリス人の宣教師がパブリックスクールをモデルに開校したトゥポウカレッジで、本格的にラグビーに取り組む。全寮制で中高一貫のトゥポウカレッジはラグビーの名門校だった。早朝に起きて砂浜や山道を走り、授業が終わり、夕方になると試合形式の練習をくり返す。選手たちは子どものころから遊びでラグビーを経験しているために、基礎練習にはさほど時間は費やさなかった。

ラグビーの強豪で鍛えられた彼は、やがて頭角をあらわし、一九歳でトンガ代表に選出される。一九七九年にはフィジーやサモアなどが参加する南太平洋大会に出場。またトンガに遠征してきたイングランドとのテストマッチに出場し、八つのキャップを獲得する。トゥポウカレッジ卒業後は、木材やセメントなど輸入資材に値段をつける国営の建設会社に職をえていた。そのころ、ノフォムリはどんな未来を描いていたのだろうか。

「海外の大学で経済の勉強をしたかった。そして、そこで学んだ知識を活かして、海外で仕事をしたかった。そう考えていたのは、私だけじゃなかった。トンガの若者はチャンスがあれば、海外に出たいと思っている。それはいまも変わりませんよ」

いまでこそ、海外に活躍の場を求めるアスリートは増えている。

けれど四〇年前の話である。「ラグビーで食べていける」時代ではなかった。それは、若くしてトンガの代表となり、国営会社に就職したノフォムリも例外ではなかったのだ。

そんな時期、ノフォムリが所属するクラブチームにトンガに移住した日本人が入部した。

ノフォムリは、大柄なトンガ人に交じって楕円球を追う日本人の懸命なプレーを「よくやっているなぁ」と見ていた。

「彼は優しくて、冷静で、礼儀正しかった。それまで日本のイメージは、ヤクザ映画とサムライ映画、それに戦争映画。怖い国だと感じていました。あとは経済成長がすごいと聞いたくらい。遠いからオーストラリアやニュージーランドのように、詳しい情報がなかった。日本でラグビーをやっているのかどうかも知らなかった。本当になにも知らなかったんです」

では、ノフォムリと日本を結びつけるきっかけはなんだったのだろうか。

「そもそもね、日本への留学のチャンスをもらえたのは、国王がソロバン好きだったから。ソロバンがなければ、私は日本にきていないかもしれないね」

そう。ソロバンである。

日本とトンガのラグビーは、ソロバンを通して、思いがけず巡り合うのだ。

ソロバン留学生

ノフォムリがはじめてトンガ代表に選出された一九七五年。前年に関東大学リーグ戦で初優勝を果たした大東大ラグビー部は、ニュージーランドにはじめて遠征する。当時、部長だった中野敏雄は、遠征の途中、トンガに足を延ばした。機内で隣り合わせたトンガの文部次官は中野にこんな話をした。

「国王が日本びいきで、宮廷で相撲やソロバンの大会を開くんだ」

中野が商業簿記の専門家で、ソロバンの指導者であると知った文部次官はとても喜んだ。国王のタウファアハウ・トゥポウ四世は、日本の経済成長に関心を抱いていたらしい。

中野がトンガのホテルにチェックインすると、さっそく王宮からのクルマが迎えにきて、国王に謁見する。

「私もトンガの子どもたちに直接、ソロバンを教えているのだがうまくいかない」と話す国王に対し、中野は「では、私が教えましょう」と約束する。こうしてトンガ珠算教育協会名誉副会長に就任した中野とトンガの交流がはじまった。

やがて、ソロバン指導者育成のためにトンガ人青年を日本に留学させる計画が持ち上がった。中野は、まったく異なる環境で暮らすトンガ人青年のホームシックを危惧して、こんな提案をする。

「若者がソロバンと勉強漬けの生活ではストレスがたまるだろうから、ラグビーもさせたらどうでしょう」

トンガ初の〝ソロバン留学生〟として白羽の矢が立ったのが、トンガ代表として活躍していた二三歳のノフォムリと、彼の一歳年下でのちに日本代表にも選ばれるホポイ・タイオネだった。

親戚同士だったノフォムリとホポイは、同じロンゴロンゴ小学校に通っていた。

ノフォムリによれば「ホポイのおじいさんと私のおばさんが夫婦」の関係にあった。

小学校を卒業したホポイは、ラトゥの母校でもあるトンガカレッジに学んだ。

トンガカレッジもラグビーの名門で、トゥポウカレッジとの対抗戦は、日本の早慶戦や早明戦並みに盛りあがるらしい。

しかしホポイは、ラグビークラブには入らずに勉学に力を注いだ。将来は医師として身を立てたいと考えていたからだ。アメリカの大学へ留学の話もあった。そんな彼は、国王の言葉に未知の国にわたる決意をする。

「トンガと日本の架け橋になれ」

一九八〇年四月六日——。ノフォムリは来日の日付をいまも覚えている。

ノフォムリとホポイは、トンガの民族衣装であるスカートとアロハシャツに、スリッパという出で立ちで、成田空港に降り立った。日本の第一印象を「メチャクチャ寒かったですね」とかつてのソロバン留学生は苦笑いする。

「寒いし、言葉も分からないし……。建物も車も風景もすべて違う。もう不安ですね。すぐに帰ろうと思った」

時間を間違えたのか、迎えにきているはずのソロバン塾の関係者がいない。帰ろうと主張するノフォムリをホポイが「帰るって言っても、飛行機に乗る金がないだろう」といさめた。

まず二人は東京都練馬区のソロバン教師の家に身をよせた。

「私たちも大変だったけど、先生も大変だったでしょうね。私たちは日本語も分からないし、食べ物も合わないんだから」

二年目の決意

食と言葉。ノフォムリが直面したはじめてのハードルである。海外で暮らす誰もが経験するオーソドックスな壁といえる。だからこそ、そこをクリアできるかどうかが、異文化に適応できるか否かを左右する最初のポイントとなる。

しばらくすると二人は埼玉県東松山市にあるラグビー部の寮に移った。トンガの主食はタロイモやヤムイモなどの芋類。ココナッツミルクなどで煮た豚肉や鶏肉、魚などを多く食べる。だが、毎日の朝食で出る納豆と生卵がノフォムリの口に合わなかった。彼は、白米に冷たい牛乳をかけて食べていたという。

一年目は大東大の語学クラスで日本語を学んだあと、ラグビーに取り組み、夜はソロバンの練習。塾では、机を並べる隣の子どもたちが、小さな手で目にも止まらぬスピードでソロバンの珠を弾いている。

「あれにもびっくりした。ノンビリしたトンガに比べて、日本の生活はホントに忙しい。もう本当に泣きそうだったよ……毎日毎日、帰りたいと思っていた」

来日前は「日本には英語もある」と聞いていたが、英語はほとんど通じない。

夜中、ラグビー部員が寮で酒盛りをしていても、日本語が分からないから仲間に入れない。部員たちが自分たちを襲う計画を立てているのではないかと妄想して、不安にさいなまれた。

一九八一年、一年間の語学クラスを修了したノフォムリとホポイは、正式に大東大に入学する。だが、完全なホームシックだった。

来日間もないころ、ソロバン塾の温泉旅行に参加した。酒を飲んだノフォムリは寂しさのあまり旅館の二階から飛び降りようとして止められる。冗談半分だった、と決まりが悪そうに苦笑いするが、死んだ方が楽になると考えるほど思いつめていたのだ。

トンガには絶対に帰らない。ノフォムリはそう心に決めて来日した。それでも、ふとした瞬間に孤独感や寂しさが頭をもたげる。中野に帰りたいと打ち明けようとも考えるが、そのたびに家族の顔が浮かんだ。

ヤクザ映画や戦争映画で知る危険な日本に旅立つ息子を最後まで止めようとした母。トンガに残るより日本で勉強した方が未来が広がるはずだと、背中を押してくれた父。そして兄の成功を待つ六人の弟妹たち……。

そのころ、トンガではニュージーランドやオーストラリアなど英語圏への渡航が一般的だった。もちろんトンガから日本への留学は前例がない。そもそも日本とはどんな国なのか。留学する当事者も知らなかったのだ。家族も大きな不安を抱え、息子を未知の国に送り出したはずだ。それは文化や言語をこえた万国共通の親心だろう。

望郷の念にとらわれるノフォムリを支えたのが、ホポイであり、のちに結婚する許《キョ》麗梨《リリィ》との出会いだった。台湾出身の彼女は医師である父とともに来日し、青山学院大学で学んでいた。来日一年目に、留学生同士の交流会で知り合ったのである。

「私にとって二年目からが日本での本当の生活になった」

ノフォムリが腹をくくるきっかけが一九八一年のことである。その年、ニュージーランドに遠征した関東大学リーグ戦の選抜メンバーにノフォムリも選ばれた。ニュージーランドからトンガまでは直行便が出ている。ふだんは中野に預けているパスポートも手元にある。その気になれば、いつでも帰国できる状況だった。

やっと帰れる。しかし蘇るのは家族の顔だ。ノフォムリは「いま、帰ったら送り出してくれた家族や親戚ががっかりする」と自らに言い聞かせる。そのたびに別の思いもよぎる。もしも、このチャンスを逃したら……。たとえ帰国したとしても、トンガの国情を考えると海外で学ぶチャンスが再び訪れるかどうかは分からない。もう二度とチャンスはない可能性が高い。相反する思いが、彼のなかを何度も行き来した。

故郷から二〇〇〇キロ南のニュージーランドで悩んだ末、彼は気持ちを整理する。日本でやっていくしかない、と。

当初は寮でホポイと同室だったが、二人でいるとどうしてもトンガ語で話してしまう。部屋を別々にし、日本語を早くマスターしてチームに溶け込もうとした。

「あとはもうラグビーしかなかったよね」とノフォムリは語る。

言葉が伝わらないのならプレーで理解してもらうしかない。身体を張ったプレーを見せれば、仲間として認めてもらえる。そう考えてより一層ラグビーに打ち込んだ。

日本で生きていく。ホンキでラグビーにかける。その決断が、のちに続くトンガ人選手たちの道しるべとなるのである。

トンガ人留学生の「父親」

国際化の現場で耳にする言葉がある。「オールドカマー」と「ニューカマー」だ。オールドカマーとは戦前、戦中に朝鮮半島や台湾などから日本にわたってきた人たちやその子孫を指す。

対して、ニューカマーは一九八〇年以降に日本で暮らしはじめた外国人である。

この区分をラグビーに置き換えれば、戦前から戦後間もない時期に日本代表となった台湾出身の柯子彰や、在日コリアンのプレーヤーたちは「オールドカマー」と言えるだろう。

そして、ニューカマーの草分けが、ノフォムリだった。

一九八五年一〇月一九日のフランス戦で、はじめて日本代表キャップを獲得したノフォムリ以降、日本代表キャップを手にした海外出身選手は七七人（二〇一八年一一月二五日時点）。このなかでトンガ出身選手は二四人。代表となった海外出身選手のうち、三割以上がトンガ人選手なのである。

日本代表として、W杯に出場したトンガ出身選手は一一人にのぼる。

記念すべき第一回大会にはノフォムリとシナリ・ラトゥが揃ってメンバーに入った。二〇一五年W杯の南アフリカ戦で逆転のトライをお膳立てしたアマナキ・レレィ・マフィや、二〇一一年と二〇一五年、二大会に連続で出場したホラニ龍コリニアシも、トンガ出身である。

ラグビーファンにとって、日本代表として戦うトンガ出身選手は、もはや自明の存在になっている。

それは日本代表に限らない。

他国の代表に目を転じても、トンガ出身の選手はたくさんいる。

たとえば、二〇一九年のW杯日本大会で活躍が期待されるのが、ラグビーの母国イングランドの代表であるビリー・ヴニポラとマコ・ヴニポラ兄弟。オーストラリア代表にも注目株がいる。一七八センチ、一三五キロの巨漢タニエラ・トゥポウ。

またニュージーランド代表の歴史に残る伝説的なスター選手で、二〇一五年に急逝したジョナ・ロムーもトンガにルーツを持つ。

では、パイオニアとなったノフォムリとホポイはどのようにして、日本代表になったのか。そして彼らはどのような形で、日本のチームに受け入れられていったのだろうか。

私が埼玉県東松山市にある大東大に、ラグビー部の特別顧問である鏡保幸を訪ねたのは、二〇一八年秋だった。

一九五〇年生まれの鏡は、大東文化第一高校、大東大を経て、東京三洋（現埼玉パナソニックワイルドナイツ）に進んだ。キャップは持たないが、日本代表の経歴を持つ。

ノフォムリとホポイが来日した翌年の一九八一年に監督に就任する。二〇年間、監督として大東大ラグビー部を指導し、三度の大学日本一に輝く。トンガ人留学生を軸にした自由奔放なプレースタイルを確立。大東大ラグビーの礎を築いた人物である。

ラトゥやノフォムリが「昔は何もなかった」と口を揃えた最寄りの高坂駅はこぢんまりとしていたが、見慣れたファストフード店やチェーン居酒屋が並んでいた。

スクールバスが大東大の東松山キャンパスに向かうにしたがって、民家がまばらになる。ノフォムリたちが暮らした約四〇年前は、周辺に街灯もなく、合宿所の部屋にはネズミがひんぱんに顔を出すほど古くぼろぼろだった。さぞや寂しい風景だったに違いない。

ノフォムリは鏡を「トンガ人留学生の父親のような存在」と語り、ラトゥは「鏡さんの独特のキャラクターだからこそ、留学生の受け入れに成功したのかもしれないね」と話した。

「俺だけじゃなくて、あのころ日本人は誰もトンガという国を知らなかったでしょう。それがいまや、日本中のラグビーチームで、トンガの選手が活躍しているんだから面白いよね。トンガ人は穏やかで陽気。年上の人間が年下の面倒を見る文化もある。そんな気質が日本人に合うのかもしれないね」

鏡の語り口は、ざっくばらんで飾り気がない。飄々として裏表のない人柄に、トンガ人留学生も惹《ひ》かれるのかもしれない。

日本とトンガの架け橋に、とソロバン留学生を呼んだ中野敏雄が、九六歳の大往生を遂げたのは二〇一七年五月のことである。鏡は「中野先生が亡くなってしまったから、次に俺が話す順番になっちゃったんだね」と切り出した。

一九八〇年のある日、コーチとして大東大ラグビー部の指導をはじめたばかりの鏡は、中野から思いもかけない言葉をかけられる。

「今度、トンガ人留学生がくるから面倒見てよ」

鏡は「えっ、トンガってどこよ」と内心思った。

いまや、トンガ人留学生の父親のような存在として慕われる鏡も、トンガの存在を知らなかったのである。

ソロバン留学生の練習をはじめて見た鏡は、文字通り頭を抱えてしまう。

「これだよ」と鏡はコミカルに腕を振る仕草をして、苦笑いした。

「ホポイはトンガでほとんどラグビーをしたことがなかったでしょう。こう言ったら申し訳ないけど、オランウータンみたいに動きが鈍くてね。モノになるとは思えなかった」

日々の練習に加え、遠征で使う大型バスの免許を取りに教習所に通うなど忙しい毎日を過ごしていた。

そのうえ、素人の外国人選手の指導である。がむしゃらになって、強いチームをつくろうとしていた矢先。鏡は「まいったな、と思った」と当時の心境を率直に吐露する。

同じ人間とは思えない

一九八〇年代前半の大東大ラグビー部は再建の時期にあった。

大東大は、一九七四年度に関東大学リーグ戦一部で初優勝を飾るが、三年後に最下位の八位に低迷し、二部に降格してしまう。一九七八年、二部で優勝し、一部に返り咲くが勝ちきれず、大学選手権出場に手が届かない状況が続いていたのである。

そんな時期にチームを盛り返す起爆剤として期待されたのがソロバン留学生だった。

鏡の予想に反して、ホポイはチームになくてはならないプレーヤーになる。一八歳で入学してくる日本人の学生とは違って、ノフォムリとホポイはそれぞれ二三歳と二二歳。しかもノフォムリは社会人経験があり、ホポイもフィジーへの留学経験がある大人である。

「だからホポイやムーリーには自由にやってもらった。放牧だよ。自由にやってもらっているうちに、上達していった感じだね」

遊びの草ラグビーしか経験がなかったホポイだが、一九〇センチ以上の長身は当時の日本人選手にはない武器だった。一年もするとほかの部員に交じっても遜色がないレベルにまで成長していく。

ある日、鏡は同志社大学ラグビー部の監督だった岡仁詩とホポイが出場する試合を観戦していた。一九二九年生まれの岡は、平尾誠二や大八木淳史らを中心にしたチームで大学選手権三連覇を果たし、日本代表監督もつとめた指導者である。

鏡は、長身のホポイを空中戦などで身体をぶつけ合うロックと呼ばれるポジションで起用していた。ホポイのプレーを見つめていた岡は、鏡に聞く。

「大東大で、ボールを持って、いちばん前に行けるのは誰だと思う？　あと、ボールをキープする力があるのは？」

「それは、ホポイです」と応えながら、鏡は「なるほど」と思った。

岡の言わんとする意図がとっさに理解できたのである。以来、鏡はホポイをナンバーエイトで起用するようになる。

ナンバーエイトは、文字通り8番のジャージを着るポジションだ。突進やタックル、バックスとの連携などあらゆるプレーを求められる八人のフォワードの束ね役である。ナンバーエイトへのポジションチェンジがホポイを日本代表に押し上げる一因となる。

一方のノフォムリはどうだったのか。

「すごかった。レベルが違ったね」

鏡の記憶に残っているのが、ノフォムリが来日した年の夏に行った菅平合宿である。

大東大は青山学院大学と練習試合を組んだ。だが、ノフォムリのタックルを食らった選手が次々と倒れてしまう。最終的に三人の選手が退場する。

青学大の選手たちも、同じ人間とは思えないと思ったのだろう。危険だから、と青学大からその後の試合を断られてしまうハメになった。

しかしノフォムリとホポイが在籍した五年間、大東大は関東リーグ戦一部の八チーム中、三位、七位、四位、四位、五位と中位を行き来した。

球技としては最多の一チーム一五人ゆえだろう。ノフォムリとホポイ。のちの日本代表選手二人がいても勝利するのは難しかった。

One for all, All for one

「ムーリーとホポイとほかの日本人選手のレベルに差があった」

鏡は上位に食い込めなかった原因をそう指摘した。

「どんなに強い選手がいたとしても、ほかの選手とレベルがかけ離れていれば、チームとしては機能しない。周りとのレベルの差が大きいと強い選手が強引にボールを運ばなければならなくなる。無茶なプレーが続くと精神的にも肉体的にも負担がかかり、ケガにつながる。何より、全力を出し切っても勝てないと辛いですよ。そんなラグビーは、面白くない。逆に、トンガ人選手と日本人選手のレベルが近ければ、素直に戦える。日本人選手も与えられた役割を果たし、一人一人がチームに貢献した実感をもてる。そういうチーム状態じゃないとなかなか勝てないよね」

理想的なチームの完成までは、ラトゥとナモア、そして高校日本一となった大東文化一高のメンバーが同時に入学し、初優勝を成し遂げる一九八六年度まで待たなければならない。

「トンガ人選手はフィジカルが強く、サイズが大きい。彼らがゲインラインを切り、そこに日本人選手もついていく。二人のトンガ人選手が、一三人の日本人選手の潜在能力を引き出していくといえばいいかな。トンガ人選手が突破役を担ってくれれば、日本人選手がそれぞれに与えられた役割に集中できるでしょう」

ラグビーはボールを前に進めるスポーツである。

攻撃時にこえるべき、目に見えない架空の線をゲインラインと呼ぶ。ゲインラインは、スクラムやラインアウト、密集の中央を通り、ゴールラインと平行して走る。プレーがスタートした地点からボールがどれだけ前進したか。そこをはかる基準が、ゲインラインだ。

もちろん相手はゲインラインをこえられないようにディフェンスをしてくる。

パワフルな選手が相手ディフェンスをなぎ倒し、突破していく方法もあれば、細かくパスをつないで相手の隙を突き抜け出していく戦術もある。

ゲインラインを巡る攻防がゲームでの重要なポイントとなるのである。

突破役のトンガ人留学生がゲインラインを切るために、日本人選手が与えられた役割をそれぞれ果たす。それが鏡の語った大東大のラグビーである。だが、はじめから目指した形ではなく、大学ラグビー界の構図のなかで勝つために確立にいたったスタイルだった。

「高校時代に活躍した才能がある選手はみんな早稲田や明治などの伝統校を目指す。新興大学だったうちには、長所もあるけど、短所もある選手ばかりが集まってくる。でも欠点ばかり指摘していたら、それだけで陽が暮れちゃう。だから長所を伸ばして、短所には目をつぶる。ずっとそういう指導方針でやってきた」

そんな指導方針は選手時代の鏡の体験に由来している。

日本代表に選出された鏡だったが、スピードに自信がなかった。五〇メートル六秒九。チームの司令塔と呼ばれるスタンドオフとしては、物足りないタイムである。

しかし、と鏡は続ける。

「ヨーイドン、で走れば、六秒九の選手は六秒五の選手に負けてしまう。でも足が遅いのならヨーイドンの前から走り出していればいい。そしていちばんスピードに乗ったタイミングでパスをもらう。ゲインラインを抜けても走りきってトライを取ろうとは考えない。フォローする足の速いチームメイトにボールをわたせば、トライできる可能性はより高くなる」

鏡のラグビー観は素直に共感できた。

身体が大きくて突破力があり、足が速く、パス技術に優れ、キックも飛ぶ……。そんな選手がいれば理想なのだろう。

けれども、ラグビーは一五人で戦うスポーツだ。飛び抜けたプレーヤーが一人いたとしても、ほかの選手とのバランスが悪ければ、チームとして機能しない。

そこが、一五人でプレーするラグビーの面白さであり、難しさだ。

“One for all, All for one”

ラグビーを象徴する言葉として、よく使われる言葉である。意味は「一人はみんなのために、みんなは一人のために」。あるいは「一人はみんなのために、みんなは勝利のために」。

一五人のプレーヤーが、トライを奪うためにそれぞれの役割をまっとうする。互いの長所を活かし、短所を補う一五人が、有機的に結びつくとチームは活き活きと動き出していくのである。

第２章　1989年と2015年のトライ

1987年W杯日米戦、トライするノフォムリ（ロイター・サン＝共同通信社提供）

多様性のスポーツ

テーブルに広げた一枚の新聞にはこんな見出しが躍っていた。

〈ラグビー界のプリンス平尾誠二氏〉

〈強すぎた神鋼V7〉

二〇一三年一月三〇日付のサンケイスポーツだった。

平尾が、かつての日本選手権について振り返った記事である。日本選手権でV7を達成した神戸製鋼が大東大と対戦した試合の写真が掲載されていた。

「ほら」と鏡が紙面を指さした。ボールを持つ平尾を追いかけるモスグリーンのジャージを着た選手の一人に懐かしい顔があった。

一九九四年シーズンに三度目の大学日本一に輝いた大東大の3番。スクラムを最前列で支えた選手が、山形中央高出身の遠藤敦である。当時、高校二年生だった私も先輩の活躍を応援した。鏡は私が山形中央高出身だと知り、その新聞を探してくれていたのである。

五歳年上の遠藤とは直接話した経験はなかったが、長期休みのたびに母校に足を運んでスクラムを指導してくれた。

実は、ラグビー部に入部しようか悩んでいた私が、一歩を踏み出すきっかけとなったのが、遠藤の存在だったのである。

一九九三年四月、山形中央高の新入生の教室に一枚のプリントが配られた。ラグビー部への勧誘チラシである。うろ覚えだが、そこにはこんな文言が記されていた。

——遠藤敦君は、一〇〇キロをこす巨漢で、走るのは苦手でしたが、持ち前の体格を活かし、スクラムで圧倒的な強さを発揮しました。遠藤君は、いま大学日本一の経験もある大東大に進んで、レギュラーとして活躍しています。

大学や社会人で活躍するラグビー部OBを、このような形で五、六人ポジションごとに紹介していたのである。そしてプリントには、ラグビーの一〇のポジションと、ポジションごとの適性が分かりやすく記されていた。

ラグビーは多様性のスポーツと言われる。勧誘チラシで漠然とではあったが、ラグビーの魅力を感じたのである。

もう一度読みたかったが、四半世紀も昔のチラシである。すでに手元にはない。

そこで、プリントを作成した当時のラグビー部長である小川秀人に連絡してみた。探してみると約束してくれたのだが、数日後、小川は処分してしまったと申し訳なさそうに語り、新入部員勧誘チラシを書いた経緯を説明してくれた。

「山形はラグビースクールがないから、ほとんどの子が高校からラグビーをはじめるでしょう。初心者の新入生にもラグビーの魅力を知ってほしいと思って、あのチラシをつくったんです。確かブッチャー（遠藤の高校時代の愛称）もラグビー初心者だったはず。ラグビーは太っていても、のっぽで細くても、身体が小さくても、自分の特徴に合うポジションや長所を活かせるプレーがある。そんなラグビーの魅力を知ってほしかったんです」

小川が語ったように、ラグビーにはどんなタイプの選手にも活躍の場が用意されている。類型的にいえば、こうなるだろうか。

一〇〇キロをこす巨漢は重量を活かし、スクラムや密集で頼りになる。一六〇センチに満たない小兵はつなぎ役。のっぽは空中戦で存在感を発揮し、俊足のプレーヤーは最後にトライを奪うフィニッシャー。キックが得意なら、ゴールキックを狙うポイントゲッターにぴったりだ。選手たちの長所を活かし、適材適所に配置していく。

高校入学時の私の身長は一八〇センチちょっと。体重が六二キロしかなかった。ラグビー選手としては細すぎた。

「伝説のトライ」でラグビーをやってみたいとは思ったのだが、果たして自分もできるのだろうかと不安があった。中学時代の同級生にも、止めておけと忠告されていた。きゃしゃなお前があんな激しいスポーツに耐えられるわけがない。ケガしたらどうするんだ、と。しかし小川が書いたチラシを読んで、自分の長所を活かすポジションだってあるはずだと思い直して、入部届を提出したのだった。

一五人の役割

ここで簡単にラグビーのポジションについて解説したい。

ポジションは大きく八人のフォワードと七人のバックスに分けられる。

フォワードは、スクラムを組み、ラインアウトで空中に投げ入れられたボールを奪い合う。味方が相手に捕まれば、すぐに駆けよって身を挺してボールを確保する。チャンスでは、大東大のトンガ人選手のように突破役も買って出る。

二度のW杯にナンバーエイトで出場したホラニ龍コリニアシのフォワード観が面白い。

「フォワードは、チームのエンジンです。ボディがフェラーリでも、軽自動車のエンジンなら馬力が出ないでしょう。逆に軽のボディでも、フェラーリのエンジンを積んでいれば、不格好でも試合に勝てるかもしれない」

筋骨隆々のフォワードに比べ、スマートな選手が多いのがバックスである。パスかキックかランかプレーを選択し、ゲームを組み立てる。テクニックとスピードが求められる。

さらにポジションは背番号ごとに一〇に分けられる。

まずはフォワード。

1番と3番は遠藤のポジションであるプロップ。直訳すると「支柱」で、スクラムの最前線で敵と身体をぶつけ合う。

2番はスクラム最前列の中央に位置するフッカー。スクラム全体をコントロールしなければならない。またラインアウトでは、ボールを投げ入れるスローワーをまかせるチームが多い。スクラムやラインアウトなどのセットプレーの鍵を握るポジションである。

4番と5番が長身の選手が担うロック。名前の由来は、スクラムを「ロック」するからだ。ラインアウトやキックオフの空中戦がロックの見せ場で、代表レベルになると一九〇センチから二〇〇センチの選手がほとんどだ。

6番、7番はフランカー。運動量と仕事量が求められるポジションで、どんなに大きな相手にも怯《ひる》まずに真っ先にタックルに入らなければならない。二〇一五年W杯の日本代表でいえば、キャプテンのリーチマイケルが任せられた。

そして8番がフォワードの花形であるナンバーエイト。日本代表の8番を長年背負ってきたラトゥはナンバーエイトについて「フォワードの仕事もやりながら、バックスの役割も果たせるのが、理想かな」と語っていた。突破にサポートに、空中戦……。オールラウンドの活躍が期待されるポジションである。

次はバックス。

9番のスクラムハーフはラグビーの多様性を象徴するポジションの一つである。世界トップレベルでも一六〇センチ台の小柄な選手が多い。フォワードが確保したボールをバックスにつなげるポジションだ。フォワードの巨漢たちに指示を出してうまく使いこなさなければならない。フォワードをどう機能させるかは、スクラムハーフ次第だといってもいい。

10番もまたチームの花形であるスタンドオフ。スクラムハーフから供給されたボールをはじめに受け取る選手で、キックをするか、パスをするかを選択する司令塔の役割を担う。冷静な判断力を求められる。

11番、14番が翼を意味するウイング。ノフォムリが得意としたポジションである。チームのなかでもっともスピードがある選手が任せられる。チームメイトがつないだボールを最後にトライに結びつけるポジションだ。

ちなみに「伝説のトライ」を見た私は、神戸製鋼のウイングだったイアン・ウイリアムスに憧れた。足には多少の自信があったのでウイングを希望したのだが……。

入部してしばらくするともっとも長身の新入部員が退部してしまう。そのあおりを受け、新入生のなかで二番目に背が高かった私が、空中戦要員のやせっぽちのロックとしてスクラムを組むハメになってしまったのである。

ポジションに話をもどそう。

12番、13番がセンター。相手のバックスとぶつかり合うために、フィジカルとテクニックを兼ね備えた選手が適している。

そして15番がフルバック。二〇一五年W杯を機に国民的な人気者になった、五郎丸歩のポジションである。常にチームの最後尾に陣取り、戦況を見渡して相手からのキックを警戒し、状況に応じて味方ディフェンスの穴を埋め、ときには攻撃に参加する。広いフィールドをカバーする運動量とスピード、何よりもゲームの流れを読む力が必要となる。

個性や役割が異なる一五人の強みや長所、その組み合わせによってチームのプレースタイルは変わっていく。

五郎丸のような優れたキッカーがいれば、キックを使って前進し、ペナルティゴールを狙って点数を重ねていけばいいだろう。

あるいは、抜群に強いプロップを活かすのなら、スクラムが増える試合展開に持っていく手もある。ラトゥのような爆発力があるナンバーエイトがいるチームなら、彼がボールを持つチャンスが増えるように、ほかの選手がお膳立てをする。バックスに自信があれば、フォワード戦を避けてバックスのスピードにかける。

ラグビーでは、一五人がチームの強みやゲームプラン、相手チームとの相性を理解し、自分に与えられた役割を果たしていく必要がある。

ノフォムリが抱いた体育会文化への疑問

ノフォムリとホポイ時代の大東大は、トンガ人選手と日本人選手が融合したチームづくりの過渡期だったといえるだろう。それは、グラウンドの上だけの話ではない。ノフォムリとホポイの来日は大東大ラグビー部の空気を変える一つのきっかけをもたらしていたのだ。

ノフォムリが日本に順応するうえで、食と言葉が最初に立ちはだかった壁だった。それは、やがて苦にならなくなる。だが、彼にはどうしても納得できない壁があった。

体育会系独特の上下関係である。食と言葉は、慣れるしかないと割り切れたが、上下関係だけはどう考えても理解できなかった。

「トンガの基本は、年上の者、強い者が年下の者、弱い者を守ること。学年やポジションで壁をつくらない。でも日本では先輩が偉いでしょ。後輩は練習でがんばって、寮では先輩の洗濯をしたり、掃除をしたり……。なんで年下の人にそこまでやらせるのかな、と。私は違うと思ったから、先輩の雑用はやらなかった。自分で自分の服を洗濯するのはあたり前だからね。同級生とは、お酒を飲んだり、ご飯を食べたりしたとき、違うんじゃないかとやわらかい形で何度も言ったのですが……。それでも後輩は王様のように振る舞う先輩を尊敬するし、先輩、後輩の信頼関係も強い。そこは本当に驚きました」

一九八〇年代の大学の体育会系ではあたり前に行われていた慣習である。なかにはいまでもこのような上下関係を引き継いでいる運動部もあるだろう。それが日本の文化の一つだと考える意見もあるかもしれない。しかしノフォムリには、それが不思議だった。

不思議という言葉が、異文化を前にした違和感を端的に表現しているように思える。

当時の大東大ラグビー部は、関東リーグ戦一部の中位に位置していた。明治大や早稲田大などの強豪チームも同じ仕組みなのか。ほかの競技の運動部はどうなのか。あの先輩、後輩の上下関係で強いチームがつくれるのか。ノフォムリは気になってしかたなかった。

「あの時代、関東大学リーグで競った法政、日大、大東、拓殖、国士舘のラグビー部は、みんな似たようなカルチャーを持っていたと思うんですよ。分かりやすくいえば、昔ながらの軍隊的な体育会系風土です。そこに風穴を開けたのが、ノフォムリさんとホポイさんだった。ノフォムリさんはよく話していましたよ。『年上の人間が下仕事をすべきなんだ』と」

そう語るのは、大東大ラグビー部ＯＢで、トップリーグ（現ジャパンラグビーリーグワン）の強豪パナソニックワイルドナイツ（現埼玉パナソニックワイルドナイツ）の部長をつとめる飯島均である。

彼は埼玉県熊谷市の喫茶店の席に着くや否や、こう口を切った。

「私は、大学時代の四年間と社会人時代の三年間、トンガの選手と同部屋だったんです」

飯島は大東大時代の一、二年をノフォムリと寮の同じ部屋で過ごし、ノフォムリが卒業したあとは入れ替わりで入学したラトゥと相部屋になる。大東大卒業後に入社した三洋電機では、三年間、ホポイと同室となった。

飯島が府中西高校から大東大に入学したのは、一九八三年四月。ノフォムリとホポイが三年生のときである。

「実は、私は人違いで大東大に入ったと揶揄されるほどラグビーが下手くそだったんです」

飯島といえば、大東大が大学選手権をはじめて制した一九八六年度のチームで、6番のフランカーだったプレーヤーだ。

しかも『日本ラグビー激闘史7』で一九八六年シーズンのベスト15に選出された飯島は〈ラトゥが注目を浴びるが、動き出したら止まらないこの男は初優勝に欠かせぬものだった〉と評されている。いくらなんでも「人違いで入った」「ラグビーが下手くそだ」は謙遜だろうと内心、感じた。けれども、飯島は語気を強める。

「私がラグビーを続けてこられたのは、ノフォムリさんとの出会いがあったからなんです」

マイノリティ同士の出会い

飯島の母校である府中西高ラグビー部は、練習も週に二、三回程度で一五人のメンバーが揃わない弱小チームだった。

しかし練習試合に出場した飯島に、転機が訪れる。

対戦相手は、強豪の大東文化一高。大東一高は花園（全国高等学校ラグビーフットボール大会）の常連で、飯島の三つ下の世代は全国の頂点に立っている。都の名門に、府中西高はまったく歯が立たず、木っ端微塵に粉砕されてしまうが、一八〇センチをこす長身の飯島が大東一高の監督の目に止まった。

「府中西の三年生に、活きのいい選手がいる」

そんな話が鏡の耳に入り、飯島は大東大でラグビーをやらないかと声をかけられる。

こうして大東大に入学した飯島だが、入部当初は肩身が狭い思いをした。

部員の約半数が大東一高出で、残りの半分が地方の強豪校出身。大東一高の選手はもちろん、地方強豪校出身の新入部員も先輩が在籍しているケースがほとんどだ。彼らは、決まって高校の先輩とつるんで行動していた。高校時代の先輩後輩の関係が大学にも持ち込まれていたのである。

だが、実績のない都立高校から入部した飯島には先輩もいなければ、寮生活や体育会系のしきたりも分からない。身体は大きかったものの、ラグビーの実力も全国レベルで戦ってきた選手たちとは雲泥の差だった。一人だけ下手なヤツがいる。同級生からもそんな目で見られている気がした。

入学したばかりのある日のことである。キャンパスから高坂駅へ向かうバスを待つ飯島は突然、声をかけられた。

「イイジマ、どこ行くの？　今度、俺の部屋に遊びにきなよ」

声の主はホポイだった。飯島は、先輩が自分の名前を覚えてくれているのがうれしくて、翌日さっそくホポイの部屋を訪ねた。

部屋でくつろいでいたホポイとノフォムリに、飯島は「ラグビーも下手だし、練習にもついて行けないんです」と愚痴をこぼした。飯島はノフォムリの言葉が忘れられない。

「できるか、できないかじゃないよ。やるか、やらないか、それだけの問題だよ。もしもあなたがやる気なら俺が教えてあげる。俺の練習についてくれれば、絶対に伸びるから」

　実際は、と飯島は付け加える。

「ノフォムリさんはいまほど日本語がうまくなくて、助詞や助動詞がなかった。『できるできない関係ない。やる、やらないだけ……』そんなたどたどしい言葉でした。でも、親身になってくれる先輩がいてうれしかった。それから私は、ノフォムリさんと一緒にチームの練習以外にもウェートトレーニングをしたり、走ったりするようになったんです」

　トンガ初の留学生であるノフォムリ、ホポイには当然、先輩、後輩がいない。チーム内のマイノリティである。飯島によれば、そのころ日本に暮らすトンガ人は大東大の二人をふくめて数人しかいなかったらしい。日本社会での圧倒的少数派である。

　一方の飯島も大東大ラグビー部で頼るべき先輩もなく、ラグビーの面でもはじめての集団生活の面でも順応に苦労していた。

　飯島にとっては声をかけてくれたトンガ人の二人が心を許せたはじめての先輩であり、ノフォムリ、ホポイにとっては飯島が自分たちを慕ってくれた最初の後輩だった。

　先輩と後輩が、生涯にわたる信頼関係を築くきっかけとなる最初の出来事が起きたのは、入学から三ヵ月後のことである。

文化衝突の副産物

七月、飯島は実家である東京都日野市の団地に帰宅した。だが、ふと気づくと鍵がない。彼は鍵を借りようと母のパート先であるスーパーに足を延ばした。

バックヤードをのぞいた飯島は、言葉を失う。

暑い日だった。サウナのように蒸したバックヤードで、母は野菜が詰まった段ボール箱を休みなく運び出している。まるで雨に降られたように、汗でずぶ濡れの姿で……。

視界がゆがみ、やがて涙があふれた。

母は、厳しい家計をやりくりして、汗みどろになって自分のラグビーを支えてくれていたのだ。母の思いも知らずに、同級生に比べて下手くそだと卑屈になっていた自分に腹が立った。声もかけられず、ただ立ち尽くして、泣いた。おおげさではなく、こう思った。

ラグビーを本気でやるか、死ぬか。それしかないと。

そんな決意を同級生に話すと「お前、マザコンなんじゃないか」と軽口を叩かれた。誰も真面目に聞いてくれなかった。けれど、ノフォムリだけは違った。

消灯後、飯島は天井を見つめながら同室のノフォムリに打ち明けた。「マザコンと言われるかもしれませんが……」。後輩の話にじっと耳を傾けていたノフォムリはこんな話をした。

「それは人間としてあたり前の気持ちだ。自分のためだけなら人間はそんなにがんばれない。お世話になった人たちを思うから、どんなに苦しい練習でも耐えられるんだ」

そして彼は「俺もラグビーをがんばって、トンガの親に家を建ててやりたいんだ。両親や親戚が喜ぶ顔がみたいんだ」と続けた。

なぜラグビーを続けるのか。自分を支えてくれる人たちのためにラグビーを通して、なにができるのか……。ノフォムリの言葉をきっかけに飯島は考えはじめる。

もう一つがノフォムリがずっと疑問を感じていた体育会系のあり方を問う事件である。

「これはもう時効だと思うけど」と飯島は語り出した。

やはり入学間もなかった時期である。先輩にマッサージを頼まれた飯島は「ぼくはラグビーは下手だけど、マッサージは得意なんです」とつい口をすべらせる。

以来、マッサージ係として毎晩毎晩、先輩たちの部屋に呼び出されるハメになってしまう。長い日は、深夜二時、三時までマッサージは続いた。

しかも一年生は毎朝五時からレーキと呼ばれるT字形の熊手でグラウンド整備をしなければならなかった。ほとんど眠れない日もあった。

現在ならあまりにも理不尽な仕打ちとして問題になるはずだ。しかし当時の体育会系の運動部では、別段珍しい話ではなかった。こうした下働きが選手を強くし、社会で通用する人間に育てると信じられていた時代である。

下級生に与えられた下積みを続けながら飯島は、ノフォムリとの自主トレーニングを続けていた。その成果はすぐにあらわれる。

一年生の秋のシーズンからメンバーに入った飯島は、徐々に試合で起用されはじめる。だが、上級生のマッサージは断れない。レギュラーメンバーでありながら、先輩にマッサージに呼ばれる。それが二年生になっても続いていた。

そんなある日、激高したノフォムリの怒声が、寮に響きわたった。

「試合に出る下級生にマッサージをさせるなんて、一体どんなチームなんだ！　ふざけるのもいい加減にしろ!!」

部員たちはその激しさに戦《おのの》いた。

同じ人間とは思えない、とグラウンド上で一目も二目も置いていたノフォムリが、本気でキレたのである。

飯島がゆっくりと眠れるようになったのは、その日からだ。

「ノフォムリさんたちが最上級生になられてから、ラグビー部の空気が間違いなく変わりました。ただ、私自身は体育会系的な風土をすべて否定しているわけじゃないんです。体育会系の上下関係にも民主的なチームにも、マイナスの側面もプラスの要素もあります。ですから、どっちがいいとか悪いとか、一概には言えません。ただし、あのころの大東大ラグビー部の振り子は、体育会系の方に極端に振り切れていた。ノフォムリさんが暴れてくれたおかげで、その振り子が、わずかにもどってきたといえばいいかな。その日を境に一気に変わった訳ではありませんが、きっかけになったのは間違いありません。ノフォムリさんが、ラグビーを通して、私たちに新しい組織のあり方を示してくれたのです」

当時、ノフォムリは二八歳。一年間の語学クラスをふくめて、来日五年目を迎えていた。トンガでは国家の代表として戦い、社会人として働いた経験を持つ。ノフォムリは、私に対して「年上の者が年下の者の面倒を見るように、と何度か怒ったことはあるよ」と控えめに話してはいたが、あまりの理不尽に我慢の限界をこえてしまったのだろう。

いま大東大ラグビー部は、自由で大らかな部風で知られる。それは、トンガと日本の文化衝突が生んだ思わぬ副産物とも呼べるものなのかもしれない。

年上の者が年下の者の面倒を見る。四〇年近く前、ノフォムリが訴え続けたチームのあり方を実践したクラブがある。帝京大学ラグビー部だ。

二〇〇九年度から二〇一七年度まで、九年連続の大学日本一。前人未到の記録を打ち立てた帝京大ラグビー部では、上級生が掃除など日々の雑務を担当する。親元を離れて集団生活をはじめて送る一年生の心理的、時間的な負担を少なくするために、監督の岩出雅之が取り入れた仕組みである。ノフォムリは言う。

「いま思えば、地方の高校でチームを引っ張ってきた選手が集まっていたから、みんなそれぞれのやり方を持っていたんだろうね。でも、私は先輩と後輩、ポジションの壁をなくして、ファミリーみたいな雰囲気がいいと感じていた。後輩は何もしなくていいわけじゃなくて、彼らががんばれるように、先輩がサポートする。そんなチームが理想だったかな」

ラトゥとナモア

はじめてのソロバン留学生が大東大を去る前の一九八五年はじめのことだった。

四月から三年生となる飯島はノフォムリにこんな言葉を託される。

「今年、大東大にトンガからラトゥとナモアが留学してくる。俺たちは直接会ったことはないけど、面倒を見てほしい。もしもあなたが私たちに感謝しているのなら、その恩はラトゥとナモアに返してもらえないか」

年下の同胞を守りたかったのだろう。「トンガと日本の架け橋になれ」。国王の言葉を胸に来日した二人は、自分たちの留学は個人だけの問題ではないと自覚していたのだ。そして、その思いは信頼する後輩に受け継がれる。

飯島は、練習が休みの日を利用し、アルバイトに精を出した。来日する二人にプレゼントをしようとしたのである。

ノフォムリもホポイも金銭面で苦労していた。月の小遣いは三万二〇〇〇円。一日一〇〇〇円使ったら終わりである。ノフォムリは「電車代や学食での食費、こまごまとした物を買うでしょう。それにビールも飲みたいから二週間も持たなかった。あとは寮の飯を食べるしかなかったかな」と笑っていた。それでは洋服を買う余裕はない。服はソロバン塾や大学の先生のお下がり。サイズも合わない。飯島は、膝が出て、寸足らずで脛が見えたズボンをはいたノフォムリの姿を覚えている。

そんな先輩の姿を見ていた飯島は、来日直後の後輩に自分も持っていないラコステの白いポロシャツをプレゼントした。でも、と飯島は苦笑いする。

「外出用に、とわたしたのですが……。二人はラコステなんて知らなかったから、さっそく練習で着ちゃってドロドロにしちゃったんです」

もう一つのプレゼントがポケットサイズの英和・和英辞典である。当初はその辞書で意思疎通をはかった。ラトゥもナモアもノフォムリらと同様に、一年間は日本語を習得するために語学クラスに在籍する。真面目で酒が苦手なナモアは、寮にもどるといつも日本語を勉強していた。しかし飯島によれば、ラトゥの方が日本語を覚えるのは早かった。

「それはラトゥが私たちと酒を飲んで、日本語を覚えたからです」と再び苦笑した。

二〇歳で来日したラトゥはすでに結婚し、トンガに長女を残していた。そのせいだろうか、酒を飲んでは「トンガに帰りたい」と飯島に訴えた。そこで飯島が「五年なんて、あっという間だよ」と諭すと、ラトゥは「五年があっという間なわけがないだろう。永遠のような時間だ」と反論する。

「いまラトゥに会うと『五年どころか、二〇年も三〇年もあっという間だったな』と笑って話しているのですが、来日して数ヵ月はホームシックに苦しんでいましたね」

入学してからしばらく経ったある日の夜、ラトゥがトンガに帰ると寮を出た。終電もない。帰りの飛行機のチケットを持っているわけでもない。とぼとぼと歩くラトゥの気がすむまで、飯島は黙って一緒に歩き続けた。

一度、ラトゥとナモアが本気でトンガに帰国しようとした出来事があった。それもある意味では、食にまつわるトラブルである。

来日して一カ月が過ぎたある日。ふだんは夕食の準備ができると声をかけにくるはずの食事当番がラトゥとナモアの部屋に呼びにこない。不思議に思った二人が食堂をのぞいてみるとすでに全員が食事を終え、食器もすべて片付けられたあとだった。ラトゥとナモアは泣かんばかりの勢いで飯島に訴えた。

「俺たちはムシされて、メシを食わせてもらえないのか。こんな扱いを受けるのならもう帰る。これ以上、ここにいることはできない！」

飯島が食事当番の下級生に確認すると単純な呼び忘れだと分かった。飯島は二人の前で、食事当番をこっぴどく叱って場をおさめようとしたが、ラトゥとナモアは「帰る」と聞かない。結局、ソロバン塾へ行き、中野との相談の場を設けて、二人の怒りをおさめた。

悪意がない単なるうっかりミスだったのだが、二人の気持ちは理解できる。食欲は人間の根源的な欲求である。そこに文化も言語も関係ない。先輩のノフォムリとホポイが道を切り開いたとはいえ、マイノリティには変わりない。そのうえ、二人にとっては何もかもが初体験なのだ。トンガ人だから差別されたと感じるのもムリはなかった。

こうしたいくつかの齟齬を乗り越えながら、ラトゥとナモアはチームに溶け込んでいく。

飯島が出会った最高の才能

明治大や早稲田大、あるいは同志社大には、高校日本代表に選ばれたプレーヤーや大学選手権で注目されたスター選手がたくさんいた。女性ファンにもモテて、タニマチのような人たちもいた。だが、当時の大東大には、スター選手も女性ファンもいなかった。ラトゥやナモアが注目されるのは、来日二年目のことである。

寮がある東松山は夜になると真っ暗になる。モテるわけでもない。練習以外にやることもない。休みになると寮の裏を流れる川をせき止めて魚を釣ったり、ラトゥの指導でパイナップルなどを使ってトンガで飲まれている酒と似た味の酒をつくれないか試したりしてヒマをつぶした。

また、ハンバーガーやうどんをつくって一〇〇円や一五〇円で部員に売りさばき、ラトゥやナモアの小遣いの足しにしたり、テキ屋にもらったヒヨコを寮の押し入れで飼ったり、語り合ったりもした。牧歌的な毎日を飯島は懐かしんだ。
試合前に鏡が差し入れてくれるトンカツ用の豚肉でバーベキューをしてラグビーについて語り合ったりもした。牧歌的な毎日を飯島は懐かしんだ。

「ラグビーが生活の中心ではなく、生活の一部にラグビーがあったと言えばいいかな。いま思えば、そんな時間を共有して、チームとしての結束がつくられていった気がしますね」

飛躍の準備は整いつつあった。

何よりも、ラトゥである。

現役選手時代、飯島はたくさんの外国人選手とプレーし、指導者になってからは数え切れないほどの外国人選手を見て、スカウトし、指導してきた。

たとえば、二〇一二年にオールブラックスのスター選手でヘビー級ボクサーでもあるソニー・ビル・ウイリアムズがパナソニックワイルドナイツでプレーした。彼をスカウトしたのが飯島である。

そんな飯島が「日本でプレーした歴代の外国人選手のなかで、ラトゥがもっとも才能に恵まれていた」と絶讃する。

「彼を抜く選手は今後も出てこないでしょう。それだけずば抜けたポテンシャルを持っていた。ラトゥは南太平洋の陸上大会にも出場して、三段跳びの日本記録に匹敵する成績を残したそうです。何よりもすごかったのはタックル。ファンの人たちもラトゥのタックルを覚えていると思うんです。あれは本当にすさまじかった。大学時代も社会人になってもラトゥがナンバーエイトで、私が隣の6番でしょう。いちばん間近でラトゥのタックルを見てきた私が言うんだから間違いありません」

飯島が相手のオフェンスに対応できずに「あっ、抜かれた」と思った瞬間……。スッと背後にラトゥがあらわれる。そして、飯島をかわした相手選手にタックルを食らわせる。相手選手は、形容しがたい音とともに、人間が本来、曲がってはいけない角度に身体を歪めて、ボールを落とす。あるいは歯が折れる。

「私の目の前を何度、相手選手の歯が飛んでいったか……」と飯島は真顔で振り返る。ノフォムリさんやホポイさんもすごかったが、ラトゥのタックルはヤバかった、と。

そんなラトゥのポテンシャルを裏付ける冗談のようなエピソードがある。ラトゥは入学直後、肩を傷めて手術を受けた。飯島が驚いたのが担当医の言葉である。

「こんなに太い人間の骨は見たことがない。もしもこの方が亡くなったら標本にしたい」

医師は真顔で語った。信じられないものに遭遇した経験を人は真顔で話すのだろうか。

ラトゥとナモアが語学クラスを修了し、大東大に正式に入学した一九八六年四月。その年の一月に花園で優勝した大東一高のメンバーが入部してきた。そのなかには、のちに日本代表となるスタンドオフの青木忍の名もあった。

規格外のラトゥと俊足のナモア、ノフォムリとホポイの背中を見てきた上級生に、高校ラグビーの頂点に立った新入部員。

大東大のラグビーが、大学ラグビー界を、いや世間を驚かすのはその年の冬のことである。

重戦車からのスクラムトライ

鏡はいままでにない手応えを感じていた。

一九八六年五月、東京都世田谷の八幡山にある明治大学グラウンドで練習試合が行われた。

ゲームを見守っていた鏡の目の前で、スクラムが組まれる。対するは重戦車の異名を持ち、前年度の大学選手権で優勝した明治大である。

スクラムに自信を持っていたが、果たして明治大の重量フォワードを押しこめるのか……。鏡は、半分冗談、半分本気でプロップの反町光一に「スクラムトライを取ってみろ！」と叫んだ。

スクラムトライとは、スクラムの状態のままインゴールまで相手を押しこんでトライを奪うプレーである。

レフリーの合図で、互いのフォワードの第一列同士がぶつかり合う。

大東大フォワードが圧力をかけて、明治大をぐっと押しこんでいく。少しずつ、少しずつ前進していく。そして、本当にスクラムトライを奪ってしまったのだ。

試合後、一九九六年に亡くなるまで六七年間も明治大ラグビー部を指導した北島忠治が観戦用のやぐらから降りてきた。当時八五歳。

「前へ」と言い続け、その言葉を日本ラグビー史に刻んだ老将は、鏡に対して「なかなかいいチームだね」と一言、口にした。

試合には敗れてしまったが、フォワードとバックスの要であるラトゥと青木が日本代表の合宿に呼ばれて、不在のなかでの善戦である。

鏡はまるで昨日のことのように振り返る。

「あのとき北島先生にはじめて声をかけてもらった。うれしくってさ、帰りの環八を鼻歌交じりで運転した。いまでも忘れられないよ」

翌週、保谷市（現西東京市）の早稲田大東伏見グラウンドで、早稲田大との練習試合が組まれた。結果は、三一対三で大東大の完勝。試合後、早稲田大が練習をはじめた。

格下とあなどっていた大学に負けた罰である、いわゆる〝しぼり〟と呼ばれる居残り練習だった。しかし選手たちはOBやコーチに「これ以上、ぼくたちは何をすればいいんですか」と食ってかかっている。その様子を見ていた鏡は「あっ、これは勝てるかも」と感じた。

「負けたとき、早稲田はどんな雰囲気になるのか気になって残っていたんだよね。それまで早稲田、明治に勝てるなんて思ってもいなかったから。あの練習を見て、うちの学生と大して変わらないじゃないか、と感じたんだね」

満を持して迎えたシーズン。大東大は、関東大学リーグ一部で全勝優勝を飾る。

「あのチームはディフェンスがよかった。ラトゥと青木がいれば、抜かれなかった」

鏡がそう評するように、特筆すべきはリーグ戦の八試合をわずか一トライに抑えたディフェンス力だ。当時の大東大について、ラトゥとナモアを中心にした攻撃のチームと思い込んでいたから意外だった。

大東大は、一月二日の準決勝で優勝候補の明治大を下し、決勝に駒を進める。

大学選手権の準決勝、決勝は国立競技場で行われる。大東大は国立競技場での試合ははじめて。初心者マークだった、と鏡は笑う。

「だって国立競技場の入り口も知らなければ、更衣室の場所も分からない。試合中にどこに座っていればいいのかも迷っちゃって。その点、明治の選手たちは慣れて堂々としている。でも若い人はすごいよね。二週間後の早稲田との試合では堂々としているんだもの」

一方、躍進の原動力となったラトゥは言う。

「まだ日本にきて二年目でしょう。日本のラグビーをよく分かっていなかった。早慶明に同志社が強いなんて意識もなかったし、ベスト4に残らないと国立でプレーできないのも知らなかった。みんなが『国立、国立』と言ってるからそんなもんかと。でも国立の試合、とても緊張しましたね。人がいっぱいで、こんなにお客さんが入るのって。鳥肌が立ったよ」

風の人

四万四五七四人——。大東大と早稲田大の決勝が行われた国立競技場に詰めかけた観衆の数だ。実にトンガ国民の半数近く。ラトゥの腕に鳥肌が立つのもムリはない。

私は大東大が初優勝をかけたゲームを「大学ラグビー激闘史一九八六年度」というDVDではじめて見た。ラトゥの圧倒的なパワーで早稲田大ディフェンスを粉砕したのではないか。そんな先入観を抱いていた。しかし早稲田大もラトゥに対する方策を練っていた。ラトゥにボールがわたるたび、早稲田大は必ず複数人で止めにかかる。

鏡が語った大東大ラグビーの象徴だと感じたのは、三対六の早稲田大リードで迎えた前半二五分のトライシーンである。

大東大が早稲田大陣でラインアウトを確保すると、サイド攻撃をしかけた飯島がすかさずラトゥにボールをわたす。三人のフォワードに絡まれながらもラトゥは少しずつだが、前進する。ラトゥが起点となった密集からボールをもらった青木が、小気味よいステップで相手ディフェンスを切り裂いていく。すかさず青木をフォローした大東大フォワードはその後、二度ラトゥにボールを託すが、二人、三人とタックルに入り、押し戻される。

だが、ラトゥを警戒するあまり、ディフェンスに綻びが生まれる。青木はそこを見逃さなかった。パスを出すと見せかけた青木は、内側にステップを切り、一人かわす。さらに最後の砦である相手フルバックを十分に引きつけて、タックルを受けながらノーマークの13番船田義雄にラストパスを送った。トライ後のゴールも決まり、大東大は九対六と逆転する。

この一連のプレーこそが、鏡の目指したラグビーだと思った。

ラトゥを起点としたアタックが継続できたのは、日本人選手たち一人一人が与えられた役割を果たしたからだ。

攻撃を繰り返して、もう一人のタレントである青木のポテンシャルを存分に引き出せる局面をつくり出し、船田のトライに結びつけたのである。

最後までもつれたゲームを大東大は一二対一〇で制し、初の大学日本一となる。その後、大東大は、一九八八年度と一九九四年度を含めて、三度、大学日本一を達成する。

「これが、俺の自慢なんだよね」

鏡は手帳に挟んだ新聞の切り抜きを取り出した。二〇一四年五月二四日付の朝日新聞夕刊。

国立競技場の観客動員数ベストテンの記事だった。

一位が一九六四年の東京オリンピックの閉会式で、二位が開会式。

ラグビーはベストテンに四つランクインしていた。

三位が一九八二年の早明戦。五位が六連覇中の新日鉄釜石に、平尾を擁した同志社大が挑んだ一九八五年の日本選手権。八位が一九八四年の早慶戦。

そして、一九八九年一月一五日に行われた日本選手権大会決勝の大東大対神戸製鋼が、六万一一〇五人で一〇位にランクインしていた。

「何が自慢かって、ランクインしたチームを見てよ。早稲田、慶應、明治、同志社。そして社会人では七連覇の釜石に、神戸。大東が、ここに食い込んだのを見ているとね、やり切ったなと思えるんだよね」

誤解を恐れずに言えば、一九八六年度に大東大が優勝するまで、大学ラグビー界は極めて保守的で固着した世界だった。

一九八六年度以前に、大学選手権で決勝を経験したチームは次の六校だけ。八回の早稲田大、六回の明治大、四回の同志社大、二回の法政大、慶應大、日体大。

この六校以外は決勝進出もなかった。乱暴にいえば、大学ラグビーとは、ルーツ校の慶應大に加え、早明同で成り立っていたのである。

この構図に風穴を開けたのが、大東大だった。大東大の優勝後、大学ラグビー界のパワーバランスが崩れる。

一九九〇年代前半に法政大が復活し、九〇年代半ばから二〇〇〇年代半ばまでは春口廣が監督として鍛え上げた関東学院大が台頭する。その後、覇権を握ったのが二〇〇九年度から九連覇した帝京大である。王者帝京大に、力をつけた東海大、天理大、筑波大、さらに伝統校の明治大、早稲田大が挑む構図が続いた。そして二〇一八年度に明治大が久しぶりに頂点に返り咲いた。

こうして改めて大学ラグビー界の勢力図の変遷を追っていくと、飯島の言葉が説得力を増していくように思えた。

「もしも、大東大が番狂わせを起こしていなかったら、早慶明同の時代がもうしばらく続いていたかもしれない。ラトゥが番狂わせの原動力と思われがちですが、日本のラグビーを改革した道筋をつくったのは、ノフォムリさん、ホポイさん、ソロバンの中野先生、そして鏡さんだと思うのです」

組織や地域の風土をつくるのは、土の人と風の人だといわれる。土の人は、土地や組織に根ざして文化や慣習を守り、受け継いでいく。一方の外部から入ってくる風の人は、新たな価値観や考え方をもたらしていく。

ノフォムリとホポイは、大東大ラグビーを変えただけではなく、日本ラグビーに変革をもたらした風の人だったのだ。

外国人初の日本代表に

ノフォムリがはじめて日本代表に選ばれたのは、東京三洋入社一年目の一九八五年のことだ。大東大卒業後は、帰国してソロバン教師になる約束だったが、日本で働きたいと話す二人の意向をくんで、鏡も所属した東京三洋に揃って就職する。

実は、その一年前、大東大四年時にホポイが日本代表として、第九回アジア大会の中華台北戦とシンガポール戦の二試合に出場している。当時、日本代表監督をつとめた同志社大の岡が、一九〇センチをこえるホポイのサイズと推進力に惚れ込んで招集したのだ。

このアジア大会はキャップの対象となる試合ではなかったが、ノフォムリは盟友の選出に「うれしかったけど、悔しさもあった」と複雑な思いをのぞかせる。

当時は、現在のように一人の選手が代表になれるのは一カ国だけ、というルールこそなかったが、ノフォムリは「トンガ代表になっていたから日本代表になるのは難しいだろうと思っていた」とも語る。

そこに代表合宿招集の報である。

「うれしさよりも、びっくりしたって感じでしたね。合宿に呼ばれたからには、日本代表になれなかったとしても、トンガ代表の誇りを見せたいと思った」

ノフォムリの日本代表選抜にかかわっていたのが、早稲田大ラグビー部や日本代表の監督を歴任した日比野弘である。

日比野がはじめて日本代表の監督をつとめたのは、一九七六年。その後、一九八二年から一九八四年、一九八七年から一九八八年と三度、日本代表を指揮した。

「ムーリーをはじめて呼んだ夏の菅平合宿はいまも覚えていますよ」と横浜市の自宅マンションで日比野は述懐した。

トンガ人選手の代表選出に反対の声はなかったのだろうか。

「関係者のなかで、反対の声はありませんでしたね。確か議論にもならなかった。ラグビーをしてきた私たちにとって、日本人であろうが、外国人であろうが、日本で活躍する選手を代表に呼ぶのは自然なことでしたから。ラグビーのよさの一つが異なるルーツを持つ仲間たちと一緒に戦うこと。もしも、外国人選手の起用に反対の意見を持つ人がいるなら、それは日本が島国で、閉鎖的で保守的な面があるからなんでしょうね」

トンガ人選手に関する議論はまったく別の次元で巻き起こっていた。

「そもそも関係者のなかで最初に話し合ったのは……」と日比野が説明する。

「ムーリーたちを大学の試合で使うのは危険なんじゃないか、と。とくにムーリーの場合は、最初から日本の大学生とはレベルが明らかに違いましたから、安全対策の見地からの反対意見はあったんです」

ホポイは来日五年目に、そしてノフォムリは六年目に日本代表に選出される。当時は、代表資格に三年居住のルールはなかった。だからといって、来日してから半年や一年の選手が日本代表に選ばれるとは考えにくい。国を背負って戦う選手にふさわしい歳月が、一九九五年から施行されたように、〈三年以上、継続して居住。または通算一〇年にわたり居住〉となったのだろう。

ちなみに二〇一九年ラグビーW杯日本大会以降、五年居住への変更が決まっている。グローバル化、ボーダレス化により、人の移動がひんぱんになったからだ。こう考えるとノフォムリとホポイが代表に選ばれたのは、長く日本で過ごした結果だといえるだろう。

トンガ代表か、日本代表か

二人を日本代表に選出した決め手はなんだったのか。日比野の答えはシンプルだった。

「ホポイは突破力、ムーリーは決定力ですね」

日比野が二人に期待したのはグラウンドのプレーだけではなかった。

「それに、二人のメンタリティが素晴らしかった」

当時、日比野は日本人選手に物足りなさを感じていた。日本代表に選ばれるほどの選手たちである。日本では、自由にプレーしても敵なし。日本人同士のゲームならパワーやスピードで圧倒できる。しかし強豪国は、彼ら以上のパワーやスピードを持つ猛者《もさ》揃いだ。

「そこで戦うには意識を変える必要がある。攻めているときは、味方がサポートしやすいように、自ら倒れて、ボールをつなぐ。攻め込まれたときは、我慢してモール（立ったままの密集）にして、味方がもどってくるのを持つ……。日本では彼らはそういう戦い方をしなくても圧倒できるのですが、強豪国との試合ではそうはいかない」

日本代表となるのは各チームのスター選手である。彼らが汚れ役や潰れ役をイヤがっていたとは思わない。ただ、国内でそうしたプレーをする機会は少なかったのだろう。

加えて、日比野が指摘するように、当時は代表に割ける時間が少なかった。

二〇一五年のW杯でヘッドコーチをつとめたエディー・ジョーンズは、年間一一〇日以上を代表合宿に費やした。しかし以前は試合の数日前に集合するのがあたり前だった。

「あのころは指導者も選手も全員アマチュアですからね。考え方を徹底していこうにも、チームで集まる時間も少ない。指導者も仕事を持っているから継続して指揮するのは難しい。もどかしさがありました」

また日比野の目には、日本代表に選ばれて満足している選手が多いように映った。所属する大学や社会人チームを優先するのか、無意識に身体をかばうプレーも見受けられた。

「日本人的な感覚でいえば、海外の強豪国には『チームのために命をかける』くらいの心構えがないと勝てない。その意味でもムーリーの試合に臨む心構えや集中力はほかの日本人選手と違っていました」

フランス遠征前の日本代表合宿中のことである。タックルなしの軽めの練習が行われた。だが、ノフォムリは本気だった。試合で勝敗を分ける局面を思い起こさせる真剣さで、いつもの激しいタックルをチームメイトに浴びせ続けた。そんな厳しい気持ちが、日比野が語ったジャパンに足りなかったメンタリティだったのかもしれない。

「ぼくには、ムーリーは日本人以上にジャパンのジャージへの思いが強いように見えた。トンガ代表になるところを、日本のナショナルチームに選ばれたわけだからね。だからこそ、目一杯の力を出した。今度、ムーリーに会ったら聞いてみてよ」

ノフォムリ本人はなんと答えるだろうか。

「トンガ人がトンガ代表になるのは普通だけど、トンガ人が日本代表になるのは特別なこと、責任はもっと重いよね」と即答した。

「もちろんトンガ代表のプライドはある。でも日本代表に選ばれて、トンガのプライドは過去のものになった。何よりも、この国の人たちは私を信頼してくれているんだな、と感動しましたよ。代表はその国でプレーするすべてのラグビー選手の目標です。トンガ代表のとき以上にやらなくては、日本人でラグビーにかかわる人に対して失礼だ、感謝しなければ、と。だからホールド（タックルなし）の練習のときも身体を張って、激しくいったんです。中学生や高校生ならホールドでもいいけど、国を代表するのに軽めになんて、おかしいでしょ」

日本代表の試合で集中力を欠いたり、所属チームを優先させるために代表を辞退したりする選手もいたと日比野が話していたが、ノフォムリはどう見ていたのか。

「ケガが怖いのは分かるんですが、なんで代表を断るのか分からない。ラグビーが好きだったら、レベルの高い試合で、もっと上の選手とぶつかり合いたいと思うのが普通でしょ。

だから、悔いが残らないのかな、と」

ノフォムリが初キャップを獲得したのは、一九八五年一〇月一九日、フランス南西部のダクスで行われたフランス代表とのテストマッチだった。結果は〇対五〇の大敗。さらに一週間後、フランス西部のナントでの再戦にもノフォムリは出場したが、〇対五二と再び大差で敗北した。地元ファンからブーイングが起きた。

その二年後の一九八七年五月、ニュージーランドとオーストラリアを舞台に第一回ラグビーＷ杯が開催される。

前述のように、二六人のメンバーのなかにラトゥとノフォムリが選出された。Ｗ杯が日本代表としての初キャップのゲームとなったラトゥは「Ｗ杯が日本代表になることのモチベーションになった」と話していた。

とはいえ、第一回大会にはトンガも出場している。母国の代表として戦いたいとは考えなかったのだろうか。

「もう日本に暮らしていましたからね」とラトゥは言葉を区切り、少し考えてから続けた。

「日本の代表として出場したいと自然に思えた。まだ一人が一ヵ国の代表を選ぶルールがなかったでしょう。それも大きかった。そのころには、自分は日本でサラリーマンとして日本人と一緒に働き、日本で子どもを育て、ずっと暮らしていくんだと思うようになっていたから。いま思えば、それは日本の仲間や応援してくれた人たちに対してのメッセージだったのかもしれません。『ぼくはずっと日本にいるんだよ』と」

ラトゥがサラリーマンとして働きたいと考えられたのは、すでに東京三洋で働きながらラグビーに打ち込んでいた先駆者であるノフォムリとホポイがいたからだろう。

第一回W杯出場について聞くとノフォムリは「責任を感じた」と話した。

「あのころフォワードが海外の強豪国と差があった。ロックの林（敏之）は一八四センチ、大八木も一九〇センチと言っていたけど、実際はそんなに大きくなかった。でも海外のロックはみんな一九〇センチ以上でしょう。だからフォワードががんばって互角にわたり合えれば、バックスでトライをとれるチャンスは十分にあると思っていた。そう考えると日本代表の戦い方はいまも変わらないかもしれないね。昔から平尾（誠二）さんや朽木（英次）たちは日本らしい早いラグビーをやりたがっていました」

しかしはじめてのW杯は三戦全敗に終わる。

勝利にもっとも近づいたのが、初戦のアメリカ戦。現地でテレビ解説した日比野によれば、ペナルティゴールとトライ後のゴールキックを合わせて、一〇本のキックを蹴るチャンスがあったが、決めたのはわずか二本。競ったゲームでは致命的なミスだ。ノフォムリが二つのトライをあげて追いすがったが、W杯初戦は一八対二一の敗戦で終わる。

――この試合のテレビ中継をトンガで五歳の少年が見ていた。ノフォムリのトライに胸を弾ませた。いつかぼくも日本代表のジャージを着てプレーしたい。ジャパンに憧れた少年は、やがて日本代表になくてはならない存在に成長するのだが、それはのちの話である。

二つのトライ

「昔から平尾（誠二）さんや朽木（英次）たちは日本らしい早いラグビーをやりたがっていました」とノフォムリが語っていた。

その一つの集大成といえるのが、第一回W杯の二年後のテストマッチではないだろうか。一九八九年五月、日本代表が強豪スコットランド代表を秩父宮ラグビー場に迎えた試合である。ノフォムリとラトゥが揃って記憶に残ると語ったゲームの一つでもある。

この試合で、日本代表は日本ラグビー史上に残る金星をあげる。インターネット上で古い映像を見ることができた。

私の視線は、ラトゥの動きを自然に追うようになっていた。攻守のポイントにほとんどかかわっていたのである。

彼がチームの危機を救うビッグプレーを見せたのは、二〇対一八の日本代表リードで迎えた後半一六分である。ラグビー先進国として負けは許されない。スコットランド代表の執拗な攻撃により、日本は自陣に釘付けになっていた。

ボールを受け取ったスコットランド代表の14番が日本ディフェンスを一人、かわした。

あとはインゴールにボールを置くだけ……。逆転か。誰もが思った瞬間、悲鳴が歓声に変わる。空を飛ぶような勢いで走り込んできた選手が、自らの身体もろとも相手選手をサイドラインに弾き飛ばしたのである。人間離れしたスピードと跳躍力で、ジャパンのピンチを救ったのが、ラトゥだったのだ。

　そして二四対二一となった後半二八分。ラインアウトからのロングスローに、トップスピードで走り込んできたラトゥが、相手防御を突破する。ボールは、ラトゥをフォローした大八木淳史から堀越正巳、キャプテンの平尾誠二を経て、朽木英次へ。タックルを受けながら朽木が放ったパスを受けたノフォムリが駆け抜ける。それが勝負を決定づけるトライとなる。

　二八対二四の大金星だった。

　ラトゥが突破口を開き、日本ラグビーの顔である大八木、堀越、平尾、朽木がつなぎ、ノフォムリが決める。一連の流れを見ながら、私の脳裏に蘇ったのは、二〇一五年の第八回W杯南アフリカ戦の逆転シーンである。

　私は日本ラグビーのターニングポイントとなったあの試合を、都内のスポーツバーで観戦していた。願望を抜きにして、日本の勝利を予想した識者はどれだけいただろうか。

　南アフリカ代表はW杯で二回の優勝を経験し、この大会も優勝候補の一角にあげられていた。二トライ差くらいの敗北ならファンは「あのスプリングボクス（南アフリカ代表の愛称）に大健闘だ」と拍手を送ったはずだ。

だが、日本代表は、六度リードを奪われても諦めずに食らいついた。そして、二九対三二で迎えたロスタイムに、その瞬間が訪れる。

キャプテンのリーチマイケルが右ライン際に持ち込んだボールをスクラムハーフの日和佐篤が拾う。日和佐は、密集に近いエリアに走り込んできた五郎丸歩を囮《おとり》にし、後方に立つ立川理道につなぐ。立川が放ったロングパスは、味方二人を飛ばし、途中出場の突破役アマナキ・レレイ・マフィへ。マフィは、相手ディフェンスを片腕で押しのけると、別のディフェンスを引きつける。マフィからボールを受け取ったカーン・ヘスケスは、相手のタックルを受けながらもインゴール左隅に飛び込んだ。三四対三二。ノーサイドのホイッスルが響く前から、私の目からは涙があふれていた。それほど感動的な勝利だった。

三〇年前と四年前……。二つのトライが、私のなかで重なった。日本人選手と海外出身選手の調和が生んだトライだと感じたのだ。

時代が異なる二つのトライシーンに、三〇年以上もかけて培ってきた、他者を受け入れ、互いに活かし合う日本代表のカルチャーと、ラグビーそのものの魅力が、凝縮しているように思えたのである。

第３章　14歳のパイオニア

1994年12月、花園出場を決めた仙台育英高ラグビー部（共同通信社提供）

東北大会の衝撃

青森県の津軽地方南部に位置する大鰐町《おおわにまち》。川沿いに温泉宿が並ぶこぢんまりとした町だった覚えがある。

というのも、高校、大学時代、合宿や大会で何度も通ったのだが、町の記憶があまりないのだ。滞在中は宿とグラウンドの往復で、ほとんど町を歩く機会がなかったからだ。

私が大鰐町をはじめて訪れたのは、一九九三年六月。一八日から三日間にわたり、大鰐町のあじゃら公園にあるラグビー場で、高校総体のラグビー東北大会が行われた。

高校一年生だった私たちにとって、はじめての県外遠征である。

入部して二カ月。ボールを前に落としてはいけない、前にパスをしてはいけない……。ラグビー未経験の私たちは、基礎中の基礎は理解したものの、まだポジションも決まっておらず、日々、体力づくり、パスやキックなどの基本練習をくり返していた時期だった。

私たち一年生は、試合の準備をする上級生たちの邪魔にならないように、公園の端っこに集まって他校の試合を観戦していた。

そのシーンはいまだに覚えている。

土埃が舞い上がるグラウンドで、試合がはじまっていた。ボールを持つ一人の選手に目が釘付けになった。

イエローを基調にしたジャージの仙台育英7番。ヘッドキャップからはみ出した金色の長髪をなびかせて、頭から飛び込んでタックルしてきた相手を片手でハンドオフ（手のひらで相手を突き飛ばすプレー）していた。

ガイジンだ……と思った。東北の片田舎と、外国人選手。そのミスマッチを受け入れるまで少し時間がかかったような気がする。

「あれ、ガイジンんねが」「ガイジンだべ」……。チームメイトと山形弁で囁き合い、無遠慮に「ほら、そごだず（あそこにいる）」と試合中の選手を指さした。

無意識に「ガイジン」と口にする日本人は多いが、その言葉に差別意識を覚えると話す外国人は少なくない。日本人にそのつもりがなくても、単語の意味や響きに疎外感を抱くらしい。この国の人でない。そんなマイナスのニュアンスを感じ取ってしまうのである。

しかし一五、六歳の私たちに、差別的な意識はなかった。まだ世界のほとんどが山形に限定されていた少年たちにとって、話すどころか、まともに対面した体験もなかった外国人がただ単純に珍しかったのである。

オーストラリア出身のテニス経験者らしい。なぜか私たちのなかでそんなデマが広まった。だが、すぐに誰かが大会で配布されるメンバー表を持ってきて、彼のルーツが明らかになる。

「あれ、一年だぞ」

「ニュージーランド人だべ」

楕円球に触れたばかりの私たちも、ニュージーランドが世界一のラグビー大国であることくらいは知っていた。

高校ラグビー初の留学生

ニュージーランドはＷ杯最多の優勝三回をほこる。トンガと同じくイギリス連邦の加盟国の一つで、現在の人口は四七〇万人ほど。ラグビー協会に登録した競技者数は一五万人をこえる。しかし草ラグビーなどをふくめると競技経験者は三〇万人以上にのぼるらしい。実に国民の六％がラグビーを経験しているのだ。町を歩けば、芝生の広場で楕円球と戯れる子どもの姿があちこちで見られるとも聞く。

ちなみに日本で協会に登録された競技人口は約一一万人（二〇一七年現在）。総人口におけるラグビー普及率は〇・〇八％に過ぎない。

イギリス領だったニュージーランドにラグビーが伝わったのは、一八七〇年。イングランドに留学したチャールズ・モンローが、ラグビーに関する本を持ち帰る。そしてふるさとのニュージーランド南島北東部にある都市ネルソンのフットボールクラブにラグビーを紹介する。それがオールブラックス誕生の前史である。

オールブラックス。ラグビー経験がない人でもニュージーランド代表の愛称を耳にしたことがあるのではないか。その名の由来は諸説ある。もっともポピュラーなのは、黒のジャージを身にまとっているから、という説。

もう一つが一九〇五年誕生説だ。ニュージーランド代表は、一年かけてラグビーの母国であるイングランドやウェールズ、スコットランド、アイルランド、フランスなどを転戦する北半球遠征を行った。各地で強豪チームと対戦し、三四勝一敗の戦績を残した。いまのニュージーランド代表を彷彿とさせる圧倒的な強さを示す。

黒衣のフォワードは、バックス並みの走力とテクニックを見せつけた。そのプレーに感動した新聞記者がニュージーランド代表について、一五人全員がまるでバックスのようだと「オールバックス」と書いた。しかしその記者か植字工が間違えて「ALL BACKS」に「L」を加えてオールブラックスになった説や、編集者が黒のジャージとかけて、あえて「ALL BLACKS」にした説も伝わっている。

オールブラックスの知名度を世界的に広めたパフォーマンスがある。

試合前、黒のジャージをまとった屈強な男たちが、数列に並び、リーダーの合図で目を見開き、舌を出し、腰を落として両手で太ももを叩き、大地を踏みならす。ニュージーランドの先住民マオリの伝統的な踊りである「ハカ」だ。いくつかのパターンがあるらしいが、もっとも有名なのが、「カマテ、カマテ」ではじまるハカだろう。歌詞には、マオリ部族の戦いで穴のなかに囚われた首長が、脱出する様子が綴られている。

「私は死ぬ。私は死ぬ。私は生きる。私は生きる。毛深い男が太陽を取り戻す。一段上へ、さらに一段上へ。太陽が輝いている」

私は一九九〇年に放送された『スクール☆ウォーズ2』でハカを知った。少年院の分校に集められた少年たちが、花園を目指すテレビドラマである。オープニングで、サングラスをかけて真っ黒なジャージを着た少年たちがハカを模した踊りを披露していたのだ。

『スクール☆ウォーズ2』は完全なフィクションだが、一九八四年に放送された『スクール☆ウォーズ』は、平尾誠二や大八木淳史ら数多《あまた》の名選手を輩出した伏見工業高校（現京都工学院高校）ラグビー部の歩みが原作のドラマだ。山下真司が扮する滝沢賢治のモデルは、日本代表を経験し、伏見工業高を全国屈指の強豪に育てあげた山口良治。小学生のときに見た再放送で、ふがいない負け方をしたラグビー部員たちを泣きながら殴っていく滝沢の姿に胸をアツくした。

こう記憶を辿っていくと、当時の私にとってラグビーとは、ドラマや年末の試合中継を通してテレビで見るものだった。

だから、衝撃が大きかったのだと思う。テレビでも見た経験がなかったニュージーランド選手が、目前でプレーしていたのだ。しかも同じ一年生である。

そのころ、大東大にトンガ人選手はいたが、高校でラグビーをする留学生はいなかった。彼が高校ラグビー初の留学生だったのだ。

ニュージーランドからやってきた仙台育英高の留学生は、一九九三年の高校ラグビーの、日本ラグビー界の一つのエポックだったに違いない。

二〇一八年度に二五回目の花園出場を果たした山形中央高だったが、私が入学した一九九三年当時は、礎を築いていた時期だった。前年に二年ぶり二回目の花園に出場。二度とも一回戦は勝ったが、二回戦でぶつかるシード校に敗れて一二月三〇日に花園を去る。

私たちは、花園で勝ち上がるために練習にはげんでいた。上級生には、のちに日本代表になる選手や、強豪大学で活躍した選手もいた。そうした環境で、パスもルールもおぼつかない一年生にも目標が刷り込まれる。それが東北での上位進出であり、花園での勝利だった。

あのガイジンを倒さなければ、東北で勝ち進めない。すでにレギュラーとして活躍する留学生に対し、ラグビー歴二カ月の少年たちはそんな不遜な思いを抱いたのである。

〈ブレンデン・ニールソン〉

メンバー表にそう記載されていた選手が、私たちがはじめて意識した他校の同期だった。

ラグビーとは何か

仙台育英高は、二〇一八年度までに花園に二二年連続、二四回出場し、ベスト4に二回進出した東北屈指の強豪である。

花園初出場は一九七六年度。しかし二度目の出場を果たすまでは一七年も待たねばならない。一九九四年度に花園出場を勝ち取ったチームの原動力となったのが、二年生ナンバーエイトのブレンデン・ニールソン（現ニールソン武蓮傳）だった。

高校卒業後、流経大に進んだニールソンは、ＮＥＣグリーンロケッツ（現ＮＥＣグリーンロケッツ東葛）や、コカ・コーラウエストジャパン、釜石シーウェイブス（現釜石シーウェイブスＲＦＣ）でプレーを続け、日本代表も経験した。

近年の仙台育英高は、二〇一五年Ｗ杯で日本代表のスクラムの要になったプロップの畠山健介をはじめ、数多のトップリーガーを輩出している。その先駆けとなったのが、ニールソンだった。

トンガから大東大へ。一九八〇年に来日したノフォムリとホポイは、新たな道を切り開いた。その一三年後、ニュージーランドからやってきた一四歳の少年も、やがて新世代のパイオニアといえる存在となる。

優秀なプレーヤーを呼んで、ラグビー部を強化しよう。留学生を招いたきっかけは、そんな単純な動機ではなかった。

ラグビーとは何か——。青年指導者の裡《うち》から湧き上がった素朴な疑問からスタートしたプロジェクトだったのである。

仙台育英高ラグビー部の監督である丹野博太は、三〇年近く前の心境を打ち明ける。

「厳しくやればやるほど、強くなれると信じていました。私自身もそうやって指導を受けてきましたから……。でも、部員がどんどん部を辞めてしまう。どうやったら子どもたちにラグビーの面白さを知ってもらえるのだろうか。いえ……私自身が一からラグビーについて知らなければならないのではないかと悩んでいた時期だったのです」

一九六五年生まれの丹野は、日本体育大学卒業後、体育教員として仙台育英学園に就職し、一九九〇年に監督に就任した。

怖そうな監督だな。高校時代から私は、強面《こわもて》の丹野に対して、そんな印象を持っていた。しかし改めて話を聞くと、言葉の端々に教員らしい子どもへの思いやりを強く感じる人物だった。

丹野の母校である秋田工業高校も日体大も厳しい練習で知られる。彼は監督就任当時について「自分がやられたことを、子どもたちにやっているだけだった」と振り返る。

休日をもうけず、長時間のランパスや、フォワード同士が実戦さながらに身体を厳しくぶつけ合う練習を課した。やがて約六〇人いたラグビー部員は、一一人に減ってしまう。

ランパスとはランニングパスワークの略で、パスを回しながらグラウンドの端から端まで往復するトレーニングである。もちろん重要な基礎練習ではある。しかし、早稲田大や日本代表を指揮した日比野弘は、著書『ラグビー』で次のように批判している。

〈日本ではラグビーの練習といえば（略）通称ランパスにはじまりランパスに終ると言え

るぐらい単調な練習を、長い間疑念も持たずにやってきたといえる〉

『ラグビー』は一九八〇年に刊行された入門書だが、それから十数年経っても、ランパス信仰はまだまだ根強かった。

確か、あれは私が高校二年生のときだから一九九四年の春休みの話である。

関東のとある高校と合同合宿が行われた。午後のメニューが、ランパス一〇〇往復だった。単純にグラウンドが一〇〇メートルだとすると、二〇キロの連続ダッシュである。私はなんとか完走できたが、倒れて途中棄権したり、吐いたりする選手もいた。ランパスが終わったあとに、他校の監督が語った言葉が忘れられない。

「今日、君たちの練習量は日本一だ」

いまなら練習量だけ、しかもたった一日、日本一になっても意味ないだろうと反感を覚えるはずだが、当時は全国に一歩近づいたと素直に納得した覚えがある。教える側にも教えられる側にも根性論や封建的な考え方が根強くはびこっていた時代だったのだ。

さて、丹野は部員たちに厳しい練習を強いただけではなかった。

そのころ、宮城県の高校ラグビーは、石巻工業高校、宮城水産高校、石巻高校の石巻勢が毎年、花園に出場し、そこに登米《とめ》郡迫町《はさまちょう》（現登米市）の佐沼高校が絡んでくる図式だった。仙台育英高は十数年前に一度、花園出場しただけ。

「花園を目指そう」と盛り上げても、丹野の声は部員たちに届かない。彼らにとって、花園は夢のまた夢だったからだ。

それなら花園を具体的にイメージしてもらおう。丹野は自らマイクロバスを十数時間も運転し、大会期間中の花園に部員を連れて行った。やはり部員たちに変化は見られない。

自分がやってきたラグビーは、いまの子どもたちの指導に適していないのか。ニュージーランドに行って本場のラグビーに触れてみたいとも思うが、体育教師であるうえ、ラグビーの指導もある。そんな余裕はとてもなかった。

閉塞感を破ったのは、丹野の悩みを知った学校関係者からの提案である。

「それならニュージーランドの姉妹校から、交流の一環でラグビーの先生を呼んでみたらいかがでしょう」

その一言で、仙台育英高ラグビー部は新たな一歩を踏み出すのである。

本場のラグビー

招聘を受けて、オーラルコミュニケーションの教師として仙台育英高に赴任したのがサイモン・ミルズである。彼は、仙台育英高の姉妹校であるオークランドのマウント・ロスキル・グラマースクールのラグビー指導者だった。丹野は言う。

「サイモン・ミルズが教えるラグビーは私が経験したラグビーとはまったく違うものでした。厳しいだけじゃなくて、子どもたちが自ら工夫し、楽しみながら成長していくラグビーといえばいいかな」

サイモンが主導して練習メニューをがらりと変えた。ランパスなどはほとんど行わず、鬼ごっこのようなゲームの要素を取り入れたメニューや、グラウンドを小さく区切ってキックやパスでボールをつなぐグリッドと呼ばれる練習……。日々、異なる練習が行われた。

今日は何をするのか。選手たちも練習を楽しみにするようになる。

それまでは、用意されたメニューが終わるまで練習が続いたが、サイモンによって練習時間が二時間と定められる。短時間に集中するスタイルに変わったのである。

いまとなっては常識的な練習方法だが、当時としては画期的だった。しかも教えるのが本場ニュージーランドのコーチである。実績がない地方の高校生にとってはラグビーというスポーツの認識が根底から覆るほどの変化だった。

丹野の目には、自分がいくらがんばっても変えられなかった子どもたちの意識が、瞬く間に変化したように映った。サイモンの存在は、丹野の考え方も変えた。

丹野の母校である秋田工業高は一九二五年創部。一九三四年に全国大会で初優勝を飾って以来、一五回の優勝を誇る全国屈指の名門だ。

東北の高校ラグビーで、秋田工業高は特別な存在である。仙台育英高の監督に就任した丹野は、母校の胸を借りようと何度か遠征を行った。全国優勝を目指すチームと、いまだ宮城県内を勝ち抜けないチームである。丹野は三泊四日の合同合宿で一度しか練習試合を組んでもらえない悔しさも味わった。

サイモンと出会った丹野は、やがて秋田工業高に本気で勝ちたいと考えはじめる。指導法やその練習メニューに取り組む意味、ラグビー観……。サイモンと食事をし、酒を酌み交わしながら、何度も何度も片言の英語で語り合った。

そんなある日、サイモンがこんな話を切り出した。

「私がきてそんなに子どもたちの考え方や態度が変わったと話すのなら、ニュージーランドから留学生を呼んだらどうだろう。生徒同士が直接やり取りした方が、もっと大きな学びがあるんじゃないか」

だが、高校ラグビーで、留学生がプレーした前例はない。現在は同時に二人まで出場できると決められているが、当然まだルール化されていなかった。

丹野は宮城県ラグビー協会に相談したが、判断できないと答えが返ってきた。そこで日本ラグビー協会にも問い合わせた。「勝利至上主義じゃないか」と批判も出たが、留学生の受け入れが認められる。丹野は語る。

「もちろん勝ちたい、チームを強くしたい、と思っていました。でも『勝利至上主義』なら、もっと身体が大きくて、日本人を圧倒できる選手を連れてきますよ。私はどんな子がくるか知らなかった。ちょうどブリ（ニールソンの愛称）の両親が仕事で海外に移住するタイミングも大きかった。サイモン・ミルズが日本の親代わりになる形で、留学の話を進めました。何よりも、ニュージーランドからの留学生と一緒にプレーすることで、育英の子たちにラグビーの面白さを知ってほしかったんです」

ブレンデン・ニールソンの来日

宮城県多賀城市にある仙台育英高の多賀城キャンパスを訪ねたのは、二〇一八年九月上旬のことである。

ニールソンは、現在、ヘッドコーチとして、丹野とともに母校の後輩を指導している。連休中で、秋田県の男鹿工業高校と合同合宿をしているさなかだった。練習の休憩中、六、七歳ほどの女の子がゴールポストの下に立つニールソンの足下に駆け寄った。遊びにきていた彼の娘である。彼のふるさとであるニュージーランドのラグビー場を想起させるシーンだった。

ニールソンに話を聞いたのはその一カ月後。すでに花園予選がはじまっていた。

グラウンドの入り口で待ち合わせたニールソンは、敷地内に建つウェートトレーニング場をのぞいた。バーベルなどを使ってトレーニングにはげむ選手たちに、真剣な表情で、一言、二言声をかけたあとに、私に向き合って顔をほころばせた。

「ぼくもトレーニングしたいんですが、ウェート場に入ると選手たちが緊張してシーンとしちゃって。先生になって三年も経つから、教師のオーラが出ているのかもしれませんね」

二〇一四年に釜石シーウェイブスでプレーを終え、現役を引退したニールソンは一年間、チームの通訳をつとめた。その後、仙台の東北福祉大学の科目等履修生として教員の免許を取得。いまは母校の社会科教師として、英語で世界史を教える授業を受け持っている。

二五年前に大鰐町で見た衝撃を伝えた。動きが早くて、ものが違うと思った、と。

「あぁ、三本木農業との試合ですね」

ニールソンは、古い記憶を苦もなく蘇らせて「ぼくの動き、そんなにダイナミックでしたか」と冗談めかした。

ニールソン武蓮傳

「足はそんなに速くなかったんですけどね。もしも、足が速かったって書いたら笑う人、たくさんいると思いますよ。みんなに『おめえ、足遅えな』ってからかわれていましたから」

ウェートトレーニング場に併設されたスタッフルームには、過去に花園に出場した歴代チームの集合写真などが並んでいた。ニールソンが出場した第七四回大会のパネルも飾られている。シャープだった顎《あご》のラインは年相応に丸みを帯びているが、面長の輪郭には当時の面影が残っている。わずかに右に曲がった鼻骨が自分よりも大きな相手にひるまずに向かっていった証だろう。

　高校時代、七八キロだった体重を、大学、社会人とキャリアを重ねるごとに八四キロ、九一キロと増やしていった。社会人時代のポジションはセンター。身長一七八センチ、体重九一キロのサイズは、トップレベルでは決して大柄な方ではない。

「いまは留学生を受け入れる高校が増えたでしょう」

　そう語ったニールソンは、札幌山の手、正智深谷、日本航空石川、目黒学院……とラグビーの留学生を受け入れた高校をいくつかあげた。

「自分の人生を歩んできただけだから『オレのおかげだ』なんて胸を張るつもりはないけれど、ぼくが最初に高校から社会人までラグビーを続けたことで、留学生が日本でラグビーを続ける道ができた。ラグビーと留学生を通して、様々なつながりができたと思うんですよ。ニュージーランドと日本、トンガと日本、フィジーと日本……。たくさんの人が新しいオプションを選べるようになった。それに、留学生が増えたことで、外国人に対する日本人の見方も変わってきたような気がします。昔は〝ガイジン〟だからと距離を置かれることもあったけど、外国人が増えれば、どうしても向き合わなければならなくなるからね。いまの状況を見ると、日本でプレーを続けて本当によかったと思います」

一四歳の決断

ニールソンは一九七八年四月五日にパプアニューギニアで生まれている。

両親はともにニュージーランド人だが、道路設計を手がけるエンジニアだった父の仕事で、パプアニューギニアで暮らしていたのだ。

その後、一家は帰国し、ニュージーランド最大の都市オークランドに居をかまえる。ニュージーランドラグビーの聖地イーデン・パークスタジアムまで徒歩一〇分ほど。そんな絶好の環境にもかかわらず、意外にもニールソン少年がハマったスポーツはサッカーだった。

「サッカー少年だったんですが、小学校の昼休みになるとみんなタッチフット（タックルの代わりにタッチするゲーム）をやるんですよ。だからサッカーとラグビーの両方をやっているような感じでした。それにニュージーランドのテレビではサッカー中継をあまりやらない。だからラグビーばかり見ていましたね」

ニュージーランド国内の各州代表がトップを競うNational Provincial Championship（現Mitre10）では、地元のオークランド代表を応援した。

タッチフットに興じる少年たちは、憧れの選手の名前を大声で叫びながら走った。ニールソンが叫んだのが、オークランド代表からオールブラックスにステップアップしたマイケル・ジョーンズ。漆黒のジャージの7番を背負って、二度のW杯に出場した名選手である。

地元の英雄に憧れたニールソンは、一一歳になると地元のイーデンラグビークラブに入って、ラグビー選手としてのスタートを切る。すぐに才能を開花させた彼は、オークランド西地区のU12代表、オークランドのU14代表候補と着実にキャリアを積んでいく。

この時期、全世界の注目を集めていたのが、湾岸戦争だ。一九九〇年八月にイラクがクウェートに侵攻。翌年からアメリカをはじめとする多国籍軍とイラク軍の戦闘がはじまる。

イラク空爆の様子が連日、中継された。薄暗い夜空のあちこちに閃光が瞬く。メディアが「テレビゲームのような戦争」と連呼していた。

中学生だった私も、閃光のもとに、何かが起きているのだろうとは思っていた。だが、その何かを、具体的には思い描けず、ただブラウン管を見つめていただけだった。

もしも湾岸戦争が起きていなければ、ニールソンの人生は大きく変わっていたかもしれない。実は、このころ、彼の父がバーレーンに赴任する話が持ち上がっていたのだ。

バーレーンはクウェートが面するペルシャ湾に浮かぶ島国である。クウェートからバーレーンの首都マナーマまではわずか約五〇〇キロ。そのうえ、イラクとの関係が悪かったバーレーンに対して、イラク軍がミサイルを撃ち込むのではないか、とウワサが流れた。

バーレーンへの引っ越しに対して、ニールソンは強硬に反対した。戦争に巻き込まれるかもしれない国になんて行きたくない。ニュージーランドに残りたい。そう主張したのである。

親子の話し合いは約一年間におよんだ。互いに相当な葛藤があったのだろう。両親にしてみれば、まだ一四歳の息子を一人残していけるはずがない。

話し合いを続けるさなか、ニールソンが通うマウント・ロスキル・グラマースクールの教師であるサイモンから思いもかけない話が舞い込んできた。

「日本の高校が留学生の受け入れを考えているんだが、行ってみる気はないか」

サイモンが、文武ともに優れて、はじめての留学生にふさわしいと声をかけたのが、ニールソンと、年代別のオークランド代表でニールソンのチームメイトだったダグ・ハウレットだった。

「ダグ・ハウレットと一緒に声をかけられたのが、ぼくのちょっとした自慢なんですよ」

ニールソンが話したダグ・ハウレットは、のちにオールブラックスとして、六二のテストマッチに出場し、四九トライをあげる世界的な選手である。

「でもダグ・ハウレットはぼくの一学年下で、年齢の問題でぼくだけになった。留学の話がきた時点で、ニュージーランドに残る選択肢が消え、バーレーンか、日本か、二択に絞られました。それにサイモン先生はすでに仙台育英のラグビー部を指導していた。バーレーンに行くなら、日本でラグビーをした方がよさそうに思えたんです」

そして、ニールソンは一四歳での決断にいたる心境をいくつもの言葉を使って形容した。

「これから自分が何をしたいのか。まだ何も決めていなかった。将来、自分が何を望んでいるのか。自分がどんな人生に足を踏み入れようとしているのか。どんな国に行くのか。本当にまったくなんにもなかった。ホワイト……真っ白なままで日本にきたんです」

留学が決まるとマウント・ロスキル・グラマースクールと交流がある日本の高校の生活風景を撮影したビデオを見て、来日経験がある父の友だちに日本について話を聞いた。日本文化や、日本での学校生活は教えられたが、一四歳の少年はどれほどのリアリティで受け止められたのだろうか。

「実は……」と少し口ごもったニールソンは、苦笑いした。中学二年時の授業で三カ月だけ日本語を学んだ経験があったのだが——。

「日本語のテスト、一〇〇点満点中、三点だったんです。ぜんぜんダメでした。でも留学して数年後、帰国したときに母校を訪ねて、日本語の先生にぼくこんなに話せるようになりましたよとアピールしてきました。先生もびっくりしていましたよ」

ニールソンが来日してからすでに四半世紀が過ぎている。よどみない日本語が、その歳月を感じさせた。

日本の手触り

彼が成田空港に降り立ったのは一九九三年一月のことである。空港には先に来日していたサイモンと仙台育英高の留学生担当職員が迎えにきてくれた。スカイライナーに乗って上野に到着したのは夜九時ごろだった。

週末だったせいか、上野は人出が多く混雑していた。ニールソンは全財産を詰め込んだ二個のスーツケースを引きずって、サイモンと担当者についていく。道行く人たちも大荷物を持つ白人少年が珍しかったのだろうか。ニールソンは「みんなが自分を見ている気がした」と振り返る。日本人だけではない。露天で商いをする中東系の男たちの視線も感じた。頭上にはけばけばしいネオンが瞬いている。

唐突に放り込まれたカオスな空間で、頼りになるのはサイモンと担当者だけ。しかし一瞬、目を離したスキに、二人の姿が消えてしまう。一四歳は「ヤバい。怖い。初日で行方不明はシャレにならない……」とパニックになりそうな気持ちを抑え、異国で唯一知る二人の大人を必死で捜した。

間もなく発見されて事なきをえたニールソンは、上野駅から東北新幹線に乗せられて仙台駅へ。仙台市にあったサイモン宅の和室に布団を敷き、眠りについた。

ついにきてしまった……。ニールソンがそう実感したのは翌朝である。目覚めたニールソンは、自室のベッドでいつもそうするように、思い切り手足を伸ばした。それが毎朝のクセだったのだ。けれども、空中に浮くはずの手に不思議な感触を感じた。畳だった。

ふだんとは違う感覚に、ニールソンは一気に現実に引き戻される。畳の感触が、ニールソンにとって、来日の実感だった。

「いままでは日本での暮らしを想像するだけだったけど、それが現実になった瞬間でした。ショックというか、リアリティが襲ってくるというか。想像と現実の間にあった壁が崩れる感じ。マジできちゃったんだな、と」

仙台育英高への正式な入学はまだだったが、ニールソンはサイモンに連れられて、練習に参加する。彼が驚いたのは、土のグラウンドである。ニュージーランドでは天然芝のグラウンドが一般的で、土が剝《む》き出しのフィールドはまずない。サイモンからは、前もって日本では土の上でプレーすると聞いていたが、まったく想像できなかったのだ。

ニールソンは思った。土のグラウンドってそのまんまじゃないか、と。

「土のグラウンドでプレーすると太ももやケツに大きな擦り傷ができるでしょう。その傷を『ビーフステーキ』って呼ぶのは、日本で学びました。でも、ラグビーに関してはさほど違和感はなかったかな。みんな思いっきりぶつかってくるし、タックルもしてくる」

こぼれたボールを滑り込んで確保するセービングをしたり、タックルを受けて倒れたりすると地面との摩擦で肘や膝、太もも、お尻などが広い面積で擦り剝ける。しばらくするとその傷を茶色のカサブタが覆う。その大きさや色合いがステーキに似ているために「ビーフステーキ」と呼ばれていたのである。

ノフォムリが疑問を抱いた体育会系的な上下関係を彼はどう捉えたのだろうか。

「サイモン先生にも、年上の選手は『さん』をつけて呼ぶこと、コーチやスタッフが練習の準備をするニュージーランドとは違って、下級生が仕事をすることは聞いていました。『チームに馴染《なじ》むために、下級生がやるべき仕事はやっておいた方がいい』とアドバイスを受けていました。でも慣れるまではいろいろありましたね」

留学生も一年生の同級生と一緒に、練習前は道具を準備し、練習後はボールを磨き、グラウンド整備をする。それは丹野の意向でもあった。

「私はせっかく日本にきたのだから、ブリには大学までは日本で学んでほしいと思っていました。もしも仙台育英のラグビー部だけが方向性を変えて日本流を廃止しても、日本社会は変わっていないわけでしょう。だとしたら日本で大学ラグビーを続けるにしても、日本企業で働くにしても、日本流は知っておいた方がいいだろうと思ったのです」

先輩たちはみなニールソンを「ブリちゃん」「ブリ」と呼んだ。本名はブレンデンだが、誰かが「ブリンデン」と間違えてから「ブリ」が愛称になった。

当時ラグビー部には、みんなが「てるちゃん」と呼ぶ先輩がいた。ニールソンは自分も「ブリちゃん」だから、と「てるちゃん」と悪気なく声をかけると先輩の一人が「ノー、ノー。てるちゃん、ノー」と真顔で否定する。

「ホワイ？　ホワイ？」と戸惑うニールソンに対して、先輩たちは「てるちゃん、ノー。てるさん」と教えた。もしも入学したばかりの日本人の新入生が、先輩に対し「ちゃん」付けしたら大目玉を食らうだろう。

「ぼくは怒られはしませんでした。先輩たちは優しかったですよ。みんなも外国人だからしょうがないか、と許してくれたんじゃないですかね。そうやって上下関係や敬語などは生活を通して、少しずつ覚えていったんです」

ラグビー部員との出会いは、日本人に対する先入観をいとも簡単に打ち崩した。ニュージーランドでは、日本人をふくめたアジア人に対して、身体が小さくてメガネをかけて、数学がよくできるというステレオタイプなイメージが浸透していた。しかし現実は違った。

「ホームステイさせてもらった三年生のシンペイさんは身長一八〇センチ、体重一〇五キロ。ほかの先輩も太ももや脹《ふく》ら脛《はぎ》がものすごく太い。体格もニュージーランドの友だちと変わらない。その点もイメージとは違いましたね」

シンペイさんとは、一九九三年度の仙台育英高ラグビー部のバイスキャプテンをつとめた佐藤晋平である。

亘理弁のトレーニング

佐藤晋平が、監督の丹野に留学生を受け入れる話を聞いたのは、高校二年生の冬だった。サイモンの家で面倒を見る計画もあったのだが、せっかくだから日本の暮らしや文化にも触れてほしい。丹野はそう考えて、部員のなかからホームステイ先を募ったのである。

名乗り出たのが、佐藤だった。

「英語の勉強にもなるし、面白そうだなと思って受け入れ先に手をあげたんです。それに実家が農家で、使っていない部屋がたくさんあったんで」

佐藤が暮らす亘理《わたり》町は、宮城県南部の太平洋に面する果樹栽培や稲作が盛んな地域である。いま佐藤も広い農地を持つ実家を継ぎ、米作りを手がけている。

白鴎大学卒業後の一九九八年から二〇〇一年まで仙台育英高のコーチをつとめた佐藤は、3番プロップを絵に描いたような男性に見えた。

プロップは、チームでもっとも重量があり、パワーを持つ選手が担う。強いからこそ、優しさを備えた選手が多いポジションだと言われる。肩幅が広く胸板も厚い佐藤も、一見すると厳《いか》ついのだが、穏やかな口調が、黙々とスクラムを組み続けたプロップ特有の雰囲気を醸しているように見える。

「当時のうちは宮城県で勝てるチームでもなかった。もちろん自分たちでがんばって強くなろうと思ってはいたんです。でもうまくいかない。花園出場どころか県の決勝進出もイメージできない。そんな状況だったころにサイモン先生の指導で練習が一気に変わった」

二年生だった佐藤たちは、サイモンの指導を受けて話し合った。先輩が偉そうに振る舞って、後輩に雑用をすべて押しつけるような体育会系的な環境を少しずつ変えていくべきではないか……。そこに、舞い込んできたのが、留学生受け入れの話だった。

「最初は〝助っ人〟って感じですね。『強くなるならいいんじゃね?』と。でも、いつからか〝助っ人〟じゃなくなってきたんです」

ホームステイ初日について、佐藤は「ぼくも英語が話せないから、最初は身振り手振りでしたよ」と実際にジェスチャーを交え、説明した。

「ここは寝る場所」と両手を合わせて頬に持っていき、布団を敷く場所を指さす。その要領で、風呂やトイレ、台所の場所を順番に教えていった。

ニールソンは、刺身以外はほとんどの日本食を口にできた。食の面も気を遣わずにすんだ。実は、佐藤の家では、以前も留学生を受け入れた経験があった。それは彼が高校一年生のとき、カナダ人留学生が半年ほどホームステイしたのである。

言葉以上に困ったのが、食だった。留学生は、ベジタリアンだったのである。母は、ラグビー部でプレーする息子には動物性タンパク質が豊富な料理をつくらなければならない。しかし留学生は野菜しか口にできない。一緒に食事もできず、家族は大変な苦労をした。

授業がはじまるとニールソンと佐藤は、佐藤の母がこしらえてくれた昼食用の弁当を持って通学した。母は、食べ盛りな年頃のうえ、身体が資本のラグビー部員を思いやったのだろう。毎日、弁当のほかに、ソフトボール大のおにぎりが二つ付いていた。

一年間のホームステイ期間の出来事で、佐藤とニールソンともに印象的だった思い出として口を揃えたのが、特大おにぎりにまつわるエピソードである。

日本食をさほど苦にしなかったニールソンだが、海苔だけは苦手だった。

佐藤家の特大おにぎりは海苔で包まれていた。せっかく佐藤の母がつくってくれたおにぎりである。ニールソンは苦手な海苔だけを丁寧にはがして白米だけを食べていた。だが、はがした海苔をゴミ箱に捨てる様子をラグビー部の先輩に目撃されてしまう。

「おー！　ブリ、ノー！　ダメ、ダメ」

ニールソンがコミカルに再現するやり取りは戸惑いや気後れがありながらも、互いに意思疎通をはかろうとした十代の少年たちの息づかいが伝わってくるようだった。

「あのころはシャイで自分の意見を言えなかった。だって、あれって、〝seaweed（海藻）〟でしょう。海で見たことはありましたが、あれを食べるのか、と抵抗があった。日本語も分からないし、せっかくつくってもらっているのに『海苔は食べられません』って言うのも申し訳ない……と。心のなかで、ごめんなさいと思いながら海苔を捨てていたんですよ」

その話は佐藤にも伝わり、翌日からニールソンのおにぎりは海苔抜きになる。

いまになってみれば、ほんの些細なすれ違いに過ぎない。しかし「ごめんなさいと思いながら海苔を捨てていた」と語るニールソンの気持ちと、何も言わずに翌日からニールソン用のおにぎりをつくった佐藤の母の小さな気遣いが、言語のコミュニケーション以上に大切なもののように思えるのである。

当時、ラグビー部のグラウンドは松島町にあった。

佐藤とニールソンは、毎朝六時に起き、亘理駅を七時ごろに出発する常磐線の電車に乗り、仙台駅で仙石線に乗り換えて多賀城キャンパスがある中野栄駅に向かう。授業を終えたあとは、中野栄駅から仙石線でさらに三〇分ほどのところにある陸前富山駅へ。そして練習を終え、一時間三〇分ほどかけて家にもどると一一時を過ぎている。そんな生活を送っていた。

そのころ亘理町に暮らす仙台育英高ラグビー部員は十数人。ラグビー部のチームカラーであるブルーを基調にした揃いのラグビーバッグを持った彼らは、亘理と、学校がある多賀城、グラウンドがある松島を一団になって行き来した。

迷子にならないように、と佐藤はニールソンに「おめえ、日本語わがんねえんだから、オレたちについてくるしかねえんだぞ」と亘理弁で言い聞かせた。

「ムリヤリです。亘理は、仙台よりも訛《なま》りがきつい。ムリヤリ日本語……っていうか亘理弁で話して、覚えさせた。まだスマホなんてなかったからお互い辞書を引きながらコミュニケーションをとっていました。まぁコミュニケーションってよりはこちらから一方的に話しただけですが。日本語で意思疎通ができるようになるまで半年くらいかかりましたかね……。そうなると、ブリもイヤなものはイヤだと言えるようになったので大分楽になりました」

一方のニールソンも、片道一時間半の通学を「電車の行き来の時間に亘理弁を覚えた」と語る。彼が来日時に知っていた単語は「おはようございます」と「寿司」くらいだった。

もちろん仙台育英高でも日本語の授業を受けた。

だが、いま振り返ると学校の行き帰りでチームメイトと交わした他愛のない会話が何よりも日本語のトレーニングとなったと感じるのだ。

チームを変えたカンフル剤

こいつは、ラグビーを知っている。ニールソンのプレーをはじめて見た佐藤はそう思った。

来日した一九九三年一月、ニールソンは日本の中学二年生にあたる一四歳だった。にもかかわらずラグビー大国でならしてきた少年はラグビーを知り尽くしているように見えた。

まずタックルの入り方が日本の高校生とは明らかに違った。相手や状況によって、下にタックルに行き倒すべきなのか、高めのタックルでボールを殺すのか。瞬時に判断し、状況に応じてプレーを選択する。

ゲームでは、積極的にボールを持ち、ゲインラインを突破していく。佐藤は言う。

「まだ線が細く身体もできていなかった。そんなに足が速いわけでもない。でもなぜか、ゲインラインを抜けていく。天性なのか、経験なのか。彼の動きに味方のぼくらが対応できなかった。何もかも違うと感じました」

海外ラグビーを見る機会もなかった時代である。

ボールを持ったフォワードが前に出て、モールやラック（立ったままボールを確保して押し合うモールに対し、地面にあるボールを奪い合う密集）にして、ボールを確保し、バックスに展開する。仙台育英高ラグビー部は……いや、この時代の地方の高校ラグビー部は、新たな戦術を知らず、旧来からのシンプルなラグビーをする術《すべ》しかなかったのだと思う。

だが、ニールソンは違った。佐藤の目には、フォワードもバックスも関係なく、どんどんパスをつないでいくラグビーをしたがっているように見えた。

「ぼくはこういうラグビーをしたいんだけど、君たちはどうしたいの？」

言葉ではうまくコミュニケーションがとれない時期だったが、佐藤は試合中のプレーや練習の取り組み方の一つ一つがニールソンからのメッセージに感じられたと振り返る。

「ブリがくる前は、ボールを持てば闇雲に前に行くことだけを考えていたんです。でも彼とプレーして、ボールをどう動かせば、試合を有利に進められるのか、頭を使うようになった。いつの間にかブリについていかなければ、と思っていました。ついていけば、上を、花園を目指せるのではないか、と。ラグビー観が、ガラッと変わった」

それは、監督の丹野とサイモンが意図した結果だった。

一つ屋根の下で生活したからこそ、見えてきたこともあった。

ニールソンは朝は決まった時間に起きて、夜も決まった時間に眠る。生活のリズムを崩さない。夜、佐藤が一緒にゲームでもして遊ばないか、と声をかけても「明日も練習だから寝ます」ときっぱりと断る。

「ぼくらとは時間の過ごし方が違った。練習中もきついメニューもサボらずに、率先してやる。高校生だから遊びたい気持ちもあったと思うんです。ニュージーランド人がすべてそうなのかは分かりません。でも相当真面目なタイプなのは間違いない。ただし、ぼくらが最初〝助っ人〟と思っていたように、本人もチームを強くしなければ、と責任を感じていたんじゃないかな。だからあれだけ真面目に取り組んだのではないかって気もしますね」

しかし、一年生の留学生に、チームが率いられている状況である。ほかの上級生に反発はなかったのだろうか。佐藤は続ける。

「反感を持っていたヤツがいたかどうかは分かりません。でもね、ブリの一生懸命な姿をみんな見ていましたからね。ラグビーが好きなら、オレもやらなきゃ、って気持ちになるのが、ふつうじゃないですかね。言葉もよく分からない留学生がチームを強くしようとがんばっている。彼は、ぼくらの意識を、いえ、仙台育英のラグビーを変えたカンフル剤になった。ブリの存在がなければ、二〇〇〇年、二〇〇一年のベスト4進出もなかったはずです」

一八年ぶり、二度目の花園

一九九三年一〇月三〇日、第七三回全国高校ラグビー宮城県大会決勝で、仙台育英高は宮城水産高と対戦した。

翌日の河北新報のスポーツ欄を開くと、佐藤とニールソンはそれぞれ3番、8番で先発出場している。

記事によれば、前半を三対五で折り返した仙台育英高は、後半二分、一〇分とトライを連取し、三対一五とリードを広げる。高校ラグビーは三〇分ハーフである。残り時間が二〇分を切った。記者はコラムで〈勝負は決まったかに見えた〉と書く。

この試合を決定付けるプレーを見せたのは、のちに日本代表として活躍する宮城水産高のスクラムハーフ池田渉だった。

後半一四分、仙台育英高がスクラムからボールを出そうとした瞬間、池田のプレッシャーにより、ボールがこぼれた。ルーズボールを拾った宮城水産高のフランカーが突進し、ゴール前にできた密集から池田が飛び込んでトライ。さらにトライ後のゴールキックで宮城水産高は一〇対一五に詰め寄る。その八分後、宮城水産高は再びフォワードの前進からのトライとゴールキックを決めて、一七対一五と逆転に成功する。

試合終了まで残り一分。

宮城水産高が自陣でペナルティをおかすと、仙台育英高のスタンドオフが抜けだし、独走態勢に入った。競技場に歓声と悲鳴が響く。

最後の最後に仙台育英高が、一七年ぶりの花園をたぐり寄せたか、に見えた。

ゴールまで残りあと五メートル。そこに追いすがったのが、池田だった。彼のタックルにより、仙台育英高は手にしかけた花園を逃してしまう。

ニールソンは、泣き崩れる佐藤たち三年生を前にして、はじめて実感する。先輩たちの高校ラグビーが、ここで終わるんだな、と。

「もしも勝っていれば、あと二カ月一緒にラグビーができた。ぼくはお世話になった先輩たちと、花園に出場するチームだけに許される二カ月を一緒に過ごしたかったと心から思いました。しかも、三年間がんばってきたのに、ぼくが留学したことで、試合に出られなくなった先輩もいたわけでしょう……」

来日から一年が過ぎようとしていた。

それは、ニールソンにとって、日本の高校ラグビーのサイクルを知る期間でもあった。

ニュージーランドでは、ラグビーシーズンの冬以外は、クリケットやテニス、陸上、水泳などを楽しんでいた。一年中、ラグビーに取り組む日本の高校ラグビーの環境が、新鮮だった。

ニールソンが花園の芝をはじめて踏むのは、その翌年である。

「一八年ぶり、二度目の花園ですね」

すっかり暗記してしまったのか。彼はすんなりと口にする。ニュージーランドからの留学生にとって、花園がいかに特別な場となったか。その口調が裏付けているような気がした。

花園のスタンドには、地方大会とは比べものにならない数の観客や応援団が詰めかける。ニールソンはたくさんの人出に、まるでお祭りみたいな大会だと思った。しかも留学生初の花園出場選手である。取材が殺到した。嵐のような日々だったと振り返る。

しかし初戦で、山口県代表の大津高校に一八対二〇の二点差で敗退してしまう。

「花園の芝生は?」

「有名なインタビューがあるんですよ」

笑みをこぼしたニールソンの一言で、四半世紀前のシーンが一気に蘇った。

仙台育英高の敗戦が決まった夜、花園のハイライト番組が放映された。

二年生ながら花園に出場するメンバーに運よく選ばれた私も、奈良公園近くの宿舎で先輩たちと番組を見ていた。仙台育英高敗退が報じられるとため息がもれた。毎月のように練習試合をする関係で、しかも同じ東北勢である。みなライバル視はしていたが、戦友のような親近感を抱いていたのだと思う。

その後、ブラウン管に坊主頭のニールソンが映し出された。

「おっ、ニールソンだべ」と先輩の一人が呟いた。話す機会こそないが、もう顔なじみになっていたニールソンの発言に私たちは注目した。

アナウンサーは目を赤くするニールソンに問いかける。

「花園の芝生はどうでした？」

ニールソンは困惑の表情を浮かべた。数秒の沈黙。

「……ニュージーランドにも芝生はあります……」

一瞬の間のあと、私たちは爆笑した。当のニールソンが振り返る。

「負けて泣いているところにインタビューがきた。質問が『花園の芝生はどうでしたか？』。ぼくは『芝生？』と不思議に思った。芝生について語らなければならないのか、と。いまなら花園という大会について聞かれたと分かりますよ。甲子園の土みたいなものでしょう。もしも『花園はどうでしたか？』と聞かれたら、『全国からたくさんの高校が集まって開会式で行進して……すごい大会だと思った』とかいろいろ言えたんですけどね……。でも、あのインタビューのおかげで有名になれた。大学になっても社会人になってもチームメイトに『あのインタビュー、マジ、面白かった』と言ってもらえましたから」

ニュージーランドからの留学生を受け入れた翌年の花園出場である。

〝助っ人ガイジン〟の力で勝ち取った花園——。全国の関係者たちは、少なからず思ったはずだ。また仙台育英高が、駅伝やサッカーなどの運動部にも留学生を招き、全国大会で実績を上げていた時期である。多くの人が、ラグビー関係者が丹野に語った「勝利至上主義」を重ねたのではないか。

だが、インタビュアーの抽象的な質問に戸惑う坊主頭の少年の姿は、素朴だった。意図が分からない質問に対して、生真面目に考え抜いて口にした言葉だからこそ、笑いを誘ったのである。高校ラグビーにかかわった人たちはみな親近感を覚えたのではないか。少なくとも私はそうだった。オレたちと大して変わらないじゃないか、と思った。

しかも花園に出場する高校生のなかで、サイズも決して大きい方ではない。これが、一九〇センチ、一〇〇キロの選手だったら、また違った反応があったかもしれない。

いま振り返ると、あのインタビューが「勝利至上主義」という先入観、そして〝助っ人ガイジン〟に対する漠然としたイメージを崩すきっかけになった気がするのだ。一人の高校生としてニールソンを、そしてラグビー留学生を見直しはじめたのではないか、と。

もちろん当時はそこまで考えを巡らせていたわけではなかったのだが……。

第4章　なぜ、桜のジャージなのか

2001年1月、NEC時代のニールソン（共同通信社提供）

〝ガイジン〟と呼ばれ続けて

「ぼくがいたことで、チームメイトみんなが苦労した。仙台育英は留学生を使って強くなった。ずるいじゃないか。そんな批判をずっと受けましたから」

ニールソンのそんな言葉が印象に残った。

佐藤をはじめとする仙台育英ラグビー部OBたちは、ニールソンが入学してからレフリーが仙台育英高に不利な判定をするケースが増えてきたと証言する。それは「勝利至上主義」に対するレフリーの反発だったのかもしれない。

しかし単身留学し、新しい環境に溶け込もうと努力する十代の少年に対して、あまりに不寛容な姿勢だろう。

「自分がいいヤツかどうかは分かりませんよ」とニールソンは冗談っぽく前置きした。

「最初は〝ガイジン〟って目で見て、距離を置いていても、実際に接してくれれば、壁はなくなる。だからこそ、ぼくが卒業したあとに、ネーサン・アンダーソンと正智深谷のカトニ・オツコロが留学生ではじめて高校日本代表になれたんじゃないかと思うんです」

ネーサン・アンダーソン（現アンダーソンネーサン）は、仙台育英高で学んだニールソンの六学年下の留学生だ。カトニ・オツコロは、ネーサン・アンダーソンと同期の埼玉県深谷市の正智深谷高校で学んだトンガ人留学生である。

仙台育英高は、二〇〇〇年度、二〇〇一年度に花園ベスト4の実績を残す。チームの主力がアンダーソンだったのである。

一九九九年に仙台育英高に入学したアンダーソンはニールソンのあとを追うように、流経大に進んで、神戸製鋼コベルコスティーラーズ（現コベルコ神戸スティーラーズ）やクボタスピアーズ（現クボタスピアーズ船橋・東京ベイ）で活躍し、U21日本代表や、将来の日本代表と目される選手が集められる日本A代表にも選出された。

また日本代表のキャップを三つ持つカトニは埼玉工業大を卒業後、クボタスピアーズでプレーし、二〇一八年シーズンを最後に引退した。

高校日本代表は、ラグビー部員にとっては憧れの存在である。花園を目指すチームの選手なら誰もが一度は夢見るのではないか。ニールソンの場合は実力だけを見れば、高校日本代表入りも夢ではなかった。いまになってみれば、彼の実績や能力からして、選ばれなかった方がおかしい気もしてくる。

実は、ニールソンを高校日本代表に、と推す関係者もいたらしい。

だが、選考過程で「高校日本代表に外国人はふさわしくないのではないか」と反対意見があり、代表入りは見送られてしまう。

日本ラグビー協会や関係者のなかに、前例のない留学生の選出に躊躇《ちゅうちょ》があったのか。あるいは、外国人留学生を使った強化への反発があったのかもしれない。

まだまだ日本全体に外国人が少ない時代だった。外国人に対する無自覚な蔑視や、逆に過剰にもてはやすような風潮もあった。

高校時代、ニールソンが街を歩いていたり、電車に乗ったりしていると、たびたび子どもたちに「あっ、ガイジンだ！」「うぉー、金髪だ」と指をさされた。しかも、その様子を見ている周囲の大人たちも忍び笑いをするような環境だった。

四半世紀前の仙台、あるいは、東北の町を思い起こしたとき、容易に想像できる光景である。そもそも東北大会ではじめてニールソンを見た私たちが同じ反応をしていたのだ。私たちに悪気はなかったが、本人には相当なストレスだったのだろう。

「ガイジンってスラングで、正式には外国人でしょう。ガイジンと呼ばれるのは、とてもイヤだったけど、ガマンするしかなかった。そのころ仙台には、育英の留学生以外、外国人はほとんどいなかったから珍しかったんだろうけど……。息苦しさがありました。満員電車なのに、ぼくの隣の席だけずっと空いているとか。ずいぶんましになりましたけど、仙台にはまだそういう雰囲気は残っているかな。東京ではもう感じなくなりましたが」

試合中も「大したことねえ、ガイジンだな」「ガイジン、帰れ！」と心ないヤジを飛ばされた経験もある。

「街中では何もできませんが、試合中はね……」とニールソンはニヤリと不敵に笑う。

そういえば、佐藤がこんな思い出を語っていた。

「ブリは、ガイジンと言われるのをイヤがっていましたね。『ガイジンじゃねえし、人間だし』と。敵チームに『ガイジン、ガイジン』とうるさい選手がいたら、『ガイジンじゃねぇ』とがっつりタックルに入って黙らせていましたよ」

ニールソンが感じた日本社会の変化

ノフォムリとホポイが来日した一九八〇年。国内の外国人登録者数は約七八万人だった。一〇〇万人をこえたのはその一〇年後の一九九〇年。ニールソンが仙台で暮らしはじめた一九九三年には国内の外国人登録者は約一三二万人となる。それでも二〇一八年六月末の時点で在留外国人数は約二六三万人だから、現在の約半数に過ぎない。

しかもニールソンが高校を卒業した一九九五年度の段階で、宮城県に暮らす外国人は一万人に満たなかった。私は高校卒業後、仙台の東北学院大学に進学したのだが、街中を歩いていても、外国人を目にする機会はまれだった。

日本で暮らす外国人がこれだけ増えたいま、あからさまに街中で「ガイジンだ」と指をさして揶揄する人や、試合中に「ガイジン、帰れ」と挑発する選手がいるとは思えない。それは、隣に外国人がいる環境が珍しくなくなったからだ。

端的に言えば、慣れ、である。

ニールソンが日本で暮らした二六年間は、日本に暮らす外国人があたり前になっていくプロセスだったといえるかもしれない。それは日本のラグビー界も同じではなかったか。

一九九〇年代前半、外国人留学生は「高校日本代表にふさわしくない」と排除された。しかし、外国人登録者数が二〇〇万人に迫ろうとする二〇〇〇年代に入ると、外国人留学生はラグビーが持つ多様性や国際性の象徴となる。

ニールソンが社会の変化、そして日本人の意識の変化を実感したのは、社会人一年目の二〇〇〇年である。

大学卒業後にNEC（現NECグリーンロケッツ東葛）に入った彼は、フランスで開かれるU23W杯の日本代表に選出される。だが、結果として出場はできなかった。国際ラグビーボード（IRB／現ワールドラグビー）がニュージーランド国籍を理由に日本代表としての出場を認めなかったのだ。

代表資格の議論がされた時期だった。

きっかけは、前年の第四回W杯の日本代表である。第三回大会でニュージーランド代表として出場したジェイミー・ジョセフ（現日本代表ヘッドコーチ）とグレアム・バショップが、次の第四回大会で黒のジャージを桜のジャージに着替え、グラウンドに立った。元ニュージーランド代表の肩書きを持つ日本代表選手が、W杯の舞台に立つ。海外メディアにはなりふり構わぬ補強に見えたに違いない。日本代表の愛称チェリーブロッサムをもじって「チェリーブラックス」と批判をくり返した。

チェリーブラックス騒動をきっかけに、代表資格に「ひとりの選手は一ヵ国の代表にしかなれない」と新しい条件が加わった。その影響もあったのだろう。このU23W杯フランス大会では、若い世代は国籍で、と方針が示された。

「もちろん出たかったけど、ルールはルールだからしかたない。でも、高校日本代表はダメといった日本協会が、この大会ではIRBに抗議して守ってくれた。その変化がぼくにとって面白かった」

ニールソンは思った。留学生に対する考え方、見方が変わり、受け入れてくれるようになったのか、と。

それが、来日から八年目に実感した日本の変化だった。

土のグラウンドで砕かれるプライド

仙台育英高はニールソン以来、ニュージーランドからの留学生を断続的に受け入れてきた。六人の留学生が三年間、多賀城校舎に通い、楕円球を追って卒業した。だがニールソンは「留学してきた後輩みんなが、卒業できたわけではない」と指摘する。

「ぼくの場合は、父親が転勤族で子どものころからニュージーランド国内で何度も引っ越しや転校をしました。旅の人生だったから、日本の環境にも慣れることができたのかもしれません。それに一人だったのもよかった。ぼくは一人だから日本人と友だちになるしかなかった。でも、二人、三人でくるとどうしても楽な英語で話してしまうケースが多い。そこで日本人のチームメイトと壁ができてしまうし、日本語も覚えられない。チームメイトの輪のなかに入れなくなる」

ニールソンが仙台育英高を卒業した五年後。第二期の留学生が来日する。流経大で活躍したバーナード・マッケンジーとアンソニー・ローゲセンの二人である。

彼らの受け入れに際して、ニュージーランドを訪れた丹野と当時の校長が、九人の留学希望者と面談をした。

「君は日本で何がしたいの?」

まず丹野は、面談した少年たちにそう聞いた。

「ぼくを取れば、あなたのチームは強くなりますよ」

「クラブを強くしたいです」

そんなふうに自信満々に答える希望者もいたが、彼らは対象から外した。丹野はラグビーのプレーはあえて見なかった。ラグビーだけでなく、ニールソンのようにチームに溶け込み、日本文化を謙虚に学ぼうとする姿勢の学生を求めていたからだ。その点を満たしたのが、バーナード・マッケンジーとアンソニー・ローゲセンの二人だったのである。

それ以降は、希望者を受け入れるようになる。

仙台育英高ラグビー部は一九九四年に、はじめてのニュージーランド遠征を行った。現地の高校やラグビークラブと対戦するが、レギュラーメンバーではないBチーム相手でもなかなか勝てない。

遠征試合を見た中学生が、留学を希望するケースもあった。クラブや学校ではレギュラーになれないけど、Bチームに負けた仙台育英高に留学すれば、レギュラーとして活躍できるだろうと手をあげるのである。

そんな甘い考えは、土のグラウンドで打ち砕かれる。

仙台育英高は東日本指折りの花園常連校に変貌していた。目標も花園出場から花園優勝に変わっていた。

中学ラグビーでならした有望選手も全国各地から入学してくる。留学生よりも仙台育英高の生徒たちの方がプレーも体格も勝っているケースもあった。

丹野は、留学生だからといってグラウンドでは特別扱いをしなかった。実力的に試合に出られない選手もいた。

「日本の高校ラグビーを舐《な》めて留学してきた子もいました。自分のイメージと現実のギャップに悩んでしまう。でもニュージーランド人の面子《メンツ》があるからラグビーについての愚痴はなかなかいえないんです」

それを見越した丹野は、英会話の授業を受け持つ女性教師にラグビー部の部長をお願いした。ラグビーの知識がない部長が、悩みの聞き役になり、フォローする仕組みをつくった。

しかし、すべてがいい方向に進むとは限らない。まだ十代の少年だ。日本ラグビーで活躍したい。そんな甘い目論見《もくろみ》と現実のギャップを受け止められず、ケガを口実に練習を休みがちになる。徐々にグラウンドから足が遠ざかっていってしまう。意欲をなくして勉強にも身が入らなくなり、日本語も上達しない……。負のスパイラルに陥る留学生もいた。そんな留学生たちに対しては、丹野は夏合宿の時期にゆっくり話す時間をつくるようにしていた。

これからどうするか。日本でやっていけそうか……。そこでガマンして一年間過ごした留学生はほとんど卒業していったが、踏み止まれず帰国してしまう場合もあった。

「ニュージーランドからの留学生と聞くと実績があるすごい選手がきていると考える人が多いのですが、ニュージーランドの有望選手が日本に留学するケースはまずありません。有望選手は、ニュージーランドで活躍する道を選ぶ。たとえば、札幌山の手時代のリーチマイケルを見ても、まさかこれほどの選手になるとは思えなかった。彼は、札幌山の手できちんと育てられて、東海大、東芝とどんどん伸びていった。いくらポテンシャルが高くても努力しなければ、上達しない。彼が日本で成長した留学生のもっともいい例だと思います」

日本代表のサイドアタック

一つ不思議なことがあった。

佐藤をはじめ、私が知る仙台育英高ラグビー部ＯＢはニールソンら留学生と過ごした時間を貴重な体験だったと振り返っていた。だが、十数年前から受け入れをストップしている。

むろん留学生受け入れがすべて順調だったわけではない。前述のように途中で帰国してしまった留学生もいた。また留学生がチームに不和を生んだケースもあった。

ニールソンは三年生になると、キャプテンに指名された。しかし彼のキャプテンシーは、必ずしもうまく機能しなかった。来日してから二年間で、流暢な日本語を操れるようになっていたが、まだ婉曲《えんきょく》な表現や、やわらかい言い回しができない。同級生のプレーを「ダメ、ダメ」と直接的な表現で指摘してしまう。気負いもあったのだろうが、対等な立場の同級生に怒られるチームメイトは面白くない。

反面、下級生はラグビーをよく知るニールソンを慕って「ブリさん」「ブリさん」とアドバイスを求める。こうしたチーム状況が影響したのだろうか。優勝候補だった仙台育英高はその年の花園出場を逃してしまう。

とはいえ、チーム内での衝突も含めてラグビーである。人生の長い尺度で見れば、ニールソンにとっても、同級生のラグビー部員にとっても、生涯の糧となるかけがえのない経験のはずだ。日本社会に外国人が増え続ける状況で、高校生が留学生とともに学び、ラグビーに取り組む。その体験は有形無形に社会に還元されていくに違いない。

では、なぜ仙台育英高では受け入れを止めたのか。学校の方針変更もあると聞くが、丹野が受け入れ凍結を決めたきっかけが十数年前の東北大会だった。

仙台育英高のゲームをベンチの外で見ていた彼は、観客の何気ない呟きを耳にする。

「結局、育英はガイジンか」

仙台育英高は二〇〇〇年から東北大会で六連覇を果たした。監督就任当初、こえられない壁に思えた秋田工業高にも勝利した。留学生がいないチームで、東北を制した経験もある。

でもね、と丹野は声のトーンを落とした。

「伝統もあるのでしょうが、どんなに勝っても仙台育英は東北の雄とは呼ばれなかった。留学生をきっかけに強くなったのだから、『勝利至上主義』の批判は真っ向から受け止めるしかない。留学生を受け入れる意義を言葉で説明するよりも、ラグビーやその取り組みを見てもらうしかないと思っていた。でも、いつまで経っても留学生頼りと批判される。努力を続ける子たちがかわいそうだな、と。それに、そのころ全国的に留学生を使って強化する高校が増えてきた。だったら、次は留学生抜きのチームづくりをしてみようと思ったのです」

外国人留学生を加えれば、チームが強くなる。もちろんそんな単純な話ではない。複数の留学生を起用しながらも花園出場さえままならない高校も多い。現に、ニールソンが留学してからの三年間で、仙台育英高が花園に出場できたのは一度だけだ。

丹野はニュージーランド人留学生をどのように起用し、チームづくりをしてきたのだろうか。彼は「正解がないから難しいのですが……」と断ってから本題に移った。

「留学生がチームに溶け込めるようにするには、彼らを突出した存在にしないこと。ゲームの面でいえば、留学生をフィニッシャーにしない。留学生がフィニッシャーになってしまうと日本人の選手が伸びてこないんです。だから日本人選手をフィニッシャーにするチームづくりを目指しました」

フィニッシャーとは、トライをとる役割の選手である。チームや出場するメンバーによって、トライをとるプロセスは異なる。

単純にいえば、大柄なフォワードの肉弾戦でトライを狙いに行くのか、俊足バックスにボールを託して走らせるのか。タレントの顔ぶれで、チームの戦術は変わる。

「ラグビーのポイントは、ゲインラインをどうこえていくか。ゲインラインを突破する役割は、力のある留学生に担ってもらう。留学生がゲインラインをこえてくれれば、日本人選手が自由に動けるようになる。そうなると、自分はできるんじゃないか、といい意味で錯覚し、自信を持ってプレーする選手が出てくる。そうした選手が一人、二人と出てきて、フィニッシャーとして育ってくるとチームがどんどん機能していく」

日本人選手が伸びないと留学生頼みになり、チームのバランスが崩れてしまうとも語る。突破役のトンガ人留学生が日本人選手にチーム内での役割を自覚させ、ポテンシャルを開花させる。そう話した大東大の鏡と重なるラグビー観だと思った。

丹野は、テーブルに置かれた一本のペンをゲインラインに見たてた。

「ゲインラインをこえるといっても様々な方法があります。パワーに頼った力業なのか。ステップなのか。パスなのか。それも留学生のプレーの特徴によって変わります」

ニールソン自身も語るように、彼は決して足が速いタイプではなかった。パワーはあったが、高校時代は身長一七八センチ、七八キロ。彼よりもサイズ、パワーに恵まれた選手は高校ラグビー界にはたくさんいた。しかし彼はよくゲインラインを抜け出していた。相手ディフェンスをなぎ倒していくような力業ではなかった。

　私の記憶に蘇ったのは、高校三年秋の練習試合である。私たちは松島町にあった仙台育英高のグラウンドに遠征した。仙台育英高と岩手県の名門盛岡工業高、山形中央高の三つ巴《どもえ》で行われた花園予選に向けた最後の練習試合だった。

　その日、私はフランカーとして、ナンバーエイトのニールソンを止めなければならなかった。また盛岡工業高のナンバーエイトも高校日本代表に選ばれたプレーヤーだった。

まず盛岡工業高とのゲーム。スクラムからボールを持ちだしたナンバーエイトに対して、タックルに行く。強く重く痛い当たりだったが、タックルは決まった。その後も一発では倒せなかったとしても、相手をなんとか食い止め、突破は許さなかった。

問題は、次の仙台育英高戦である。ニールソンは盛岡工業高のナンバーエイトと同じようにスクラムからボールを持ちだし、私が待ち構える方向に走ってきた。ここまでは想定通りである。だが、私はフランカーとしてニールソンと対するのははじめての経験だった。私がタックルに入ろうとした瞬間、予想外の出来事が起きる。ニールソンのストライドが想像以上に伸びた気がした。いつの間にか私の横を駆け抜けていった。タックルどころか、触れることすらできなかった。

それにしても不可解な体験だった。パワーやサイズに勝る選手に弾き飛ばされたり、スピードやフェイントについていけず、抜き去られたりした経験は数え切れないほどあるが、抜かれた理由がパワーでもスピードでもフェイントでもなかったからだ。

伸びたと感じたのは、ニールソンがストライドを意図的に変えたのか。あるいは私が気づかなかっただけでステップを切っていたのか。

あれが日本代表になる選手のサイドアタックだといわれれば、それまでなのだが……。

あれは、一体なんだったのか。そんな思い出を話すと丹野は笑った。

「ブリは確かにパワーもスピードもさほどない。でも、タイミングをずらすのが抜群に上手なんですよ。日本人は教えられたことは上手にできる。盛工のナンバーエイトのアタックは教えられた通りだから止められる。しかし留学生は、教えられたことを自分の判断で応用する。だからなかなか対応するのが難しいんですよ」

自分たちの代表

次に私がニールソンの存在を意識したのは松島での練習試合からちょうど四年後。一九九九年秋のことである。

茨城県の流経大に進学したニールソンがナンバーエイトからフルバックにコンバートされたとは聞いていた。ナンバーエイト仕込みの突破力とラグビーセンスを買われたのである。

当時の流経大は関東大学ラグビーリーグ二部。しかし一年時から主力として試合に出場した彼は二部優勝、流経大初の一部昇格に貢献する。その後、毎年大学選手権に出場していた。

一方、仙台の東北学院大にスポーツ推薦で進学した私もラグビーを続けていたが、ニールソンは完全に手が届かない遥か遠い選手になっていた。

東北学院大は、東北リーグでは毎年優勝を争っていた。けれど、大学選手権出場をかけて関東リーグ戦や関東対抗戦の下位チームとぶつかると数十点差をつけられる。関東に遠征し、流経大や慶應大、早稲田大、関東学院大、拓殖大などの強豪と練習試合をした経験もあったが、控え主体のチームや一、二年生チームにも勝てないような状況だった。関東の大学との埋めがたいレベルの差や、自分自身の限界を感じ、情熱を失ってしまっていた。

そして大学四年夏の練習試合で、右腕の尺骨を骨折し、シーズン中の復帰が不可能になり、グラウンドにも顔を出さない日が続いていた。

そんなある日、ラグビー部員が行きつけにしている食堂に足を運んだ。店の本棚には『ラグビーマガジン』や『ラグビーワールド』などの専門誌が山と積まれていた。

何気なく一冊の『ラグビーマガジン』を手にとるとニールソンのインタビューが掲載されていた。彼はこれからはじまる大学選手権への意気込みと日本代表への憧れを話していた。

彼は日本代表を目指しているのか……。注文した料理を待ちながら思った。高校時代の対戦相手が日本代表のジャージを着た姿を想像すると誇らしかった。

改めて調べてみると、私が読んだのは『ラグビーマガジン』一九九九年一二月号の〈シダより桜。〉と題された記事だ。

シダとは、オールブラックスのロゴであるシルバー・ファーン・フラッグを指す。

〈せっかくここまでやってきたんだから、この国の最高のレベルでプレーしたいと思った。日本代表になりたい。NZU（著者注・ニュージーランド学生代表）との試合で桜のジャージーを着た時、感激しました。子供の頃はただ漠然とオールブラックスに憧れていたけど、いまは日本代表という目標がはっきりと自分の中にある〉

ニールソンはNZUと対戦したU23日本代表のメンバーとして、すでにジャパンのジャージに袖を通していたのである。彼はこんな言葉でインタビューを締めくくっていた。

〈次のW杯は、二〇〇三年か。桜のジャージを来て《（ママ）》出られたらいいなあ。NZとオーストラリアでの開催。イーデンパークでオールブラックスと戦えたら…友達とかも大勢応援に来てくれるだろうし、最高ですね〉

のちの話であるが、あるニュージーランド出身の選手が「オールブラックスになれないから日本代表を目指す」と話していたと聞いた経験がある。

W杯に出場するために、他国の代表になる。ルール上、なんら問題はない。

しかしラグビーは「心技体」のなかで、心が重要なスポーツだといわれる。日本代表の監督だった日比野弘も「海外の強豪国には『チームのために命をかける』くらいの心構えがないと勝てない」と話していた。

それは、高校や大学レベルでも同じだろう。格上のチームに勝つには身体を張り、自分よりも大きくて強い相手に怯まずにタックルに行き、少ないチャンスをものにするしかない。

日本人が日本代表チームのために命をかける。それは理解できる。私は、ニールソンが日本代表のために命をかけるほどの強い気持ちを持つプロセスを知りたかった。彼の気持ちが理解できた気がしたのは大学時代の回想を聞いたときである。

「ぼくは日本の大学ラグビーの方式が大好きなんですよ」

ニールソンがそう語る大学ラグビーの構造を説明しよう。

まず毎年九月から一二月ごろにかけて、地方ごとにリーグ戦や対抗戦が行われる。なかでも注目を集めるのが、早稲田大や明治大、帝京大などがぶつかる関東大学対抗戦グループと、大東大や流経大などが争う関東大学リーグ戦である。

もともと大学ラグビーは、大学同士の定期戦から発展していった。一九五〇年代に入ると法政大、日本大、中央大など新興のラグビー部が力をつけてくる。だが、慶應大、早稲田大、明治大などの伝統校とは、スケジュールに空きがなくなかなか対戦できない。そうした問題を解決するために、関東大学対抗戦グループと関東大学リーグ戦に分けられた。

そして現在は、一二月から関東大学対抗戦グループと関東大学リーグ戦の上位のほか、関西大学リーグや東海学生リーグ、九州学生リーグなどを勝ち抜いたチームが大学日本一を争う大学選手権に出場する。

「ぼくらは、まずリーグ戦優勝を目指す。ライバルたちと三ヵ月かけて戦って勝てれば、その先に大学選手権がある。もしも大学選手権に出場できなかったり、途中で敗退したりしたら、勝ち残っているリーグ戦のチームを応援する。ライバルではあるんですが、仲間意識のようなものが芽生えるんでしょうね。自分たちの代表だと思えるんです」

かつては日本選手権で、大学選手権の優勝校と社会人大会の優勝チームが対決し、日本一を決めていた。しかし大差の試合が増えた結果、一九九六年度を最後に対戦方式が変わる。現在は大学チームの出場枠はない。

ニールソンは、大学日本一と社会人日本一の一騎打ちがよかったと語る。

「自分たち大学生の代表が、社会人の代表と戦う。あの感覚が好きだった。いつか桜を着たいと思ったのも、そんな気持ちになったからです」

一緒に練習してきたチームメイトや、ともに戦ってきた対戦相手を代表し、桜のジャージを着たい。その思いは国籍や人種、言語をこえた個人的な体験として、素直に理解できた。また彼とかつて対戦した人間として、純粋にうれしかった。ニールソンが私たちの代表として戦ってくれていたと思えたからだ。

自分たちの代表――。その言葉がもっともしっくりきた。

「オールブラックスよりも、日本代表に、と思うようになったのは高校、大学で一緒にやってきた仲間が日本にいたからです。秋田工業のマモルさん、ブンタさん、山中（山形中央）の山岡さん……」

ニールソンがあげた三人はU23日本代表でチームメイトになった高校時代から対戦経験がある東北地方出身の選手たちだ。

マモルさんとは、秋田工業高から専修大学に進んだあと、東芝府中（現東芝ブレイブルーパス東京）でプレーし、現在監督として國學院大學ラグビー部を指導する伊藤護。ブンタさんとは、伊藤と同じ秋田工業高出身で拓殖大学、トヨタ自動車（現トヨタヴェルブリッツ）、日本代表で活躍した菅原大志。

山岡さんとは、私の一つ年上で山形中央高のキャプテンだった山岡俊《たかし》である。彼は明治大のキャプテンを経て、サントリーに入社。日本代表を経験し、二〇一八年シーズンまでサントリーサンゴリアス（現東京サントリーサンゴリアス）のフォワードコーチをつとめた。

「そういう先輩たちと高校、大学と試合をして、U23日本代表でチームメイトになる。みんな同じ目標を目指して、練習して戦ってきたわけでしょう。それが、花園であり、大学選手権であり、日本代表であり……。彼らが、ぼくにとってのラグビー仲間なんです。だからぼくも彼らと一緒に日本代表として、桜を着たいな、と」

しかし大学卒業を控えたニールソンは、複雑な気持ちを抱いていた。

仲間と聞く君が代

「ぼくがニュージーランドからきたはじめての留学生だったでしょう。ニュージーランドのラグビーを背負っている気持ちになっていたんです。自分で勝手に思っていただけなんですが……。日本人の選手に大したことない、弱いとは絶対に思われるわけにはいかなかった。大東大のトンガ人選手にも絶対に負けるわけにいかない。ニュージーランドの選手はやっぱりすごいな、と言われるプレーをしなければ……と。高校の三年と大学の四年間は、そのプレッシャーがキツかった」

七年にわたった日本の生活で、ニールソンのストレスが限界に達していたのだ。

それに、と彼は続けた。

「言葉の違いも文化の違いも、ガマン、ガマン、ガマン、ガマン……。ぼくは苦しくても感情を閉じ込めるタイプだったから。家族とも別々だからクリスマスも一緒に過ごせない」

高校一年時と三年時は花園予選を敗退し、クリスマスは家族が暮らすバーレーンで過ごしたものの、二年時は花園進出を決めたため、日本を離れられなかった。大学ではクリスマスはシーズンのまっただ中。毎年、電話で話すことしかできなかった。彼は続ける。

「大人だったら二年、三年と親に会えないのはいいと思うんです。でも十代のあの時期に、親にも兄弟にも二年も三年も会えないのはキツかったかな。バーレーンに行かず、日本でラグビーをすると自分で決めたからガマンするしかなかった」

日本でラグビーを続けていく。その気持ちには揺らぎはなかったが、いったん日本を離れたいと思っていたのだ。

数年前の話である。ニールソンは両親からこんな話を聞かされる。

「どうしても日本がダメだったらいつでも家に帰ってきてもいいと思っていたんだよ」

バーレーンには行きたくない。意地を張って日本にわたった一四歳の息子の決断を尊重し、心配しながらも送り出した。同時に、いつでも迎える準備をしながら、あえてその思いは口にしなかった。厳しくも優しい親心といえよう。

ニールソンは大学卒業後、一年間ほど海外へ武者修行の旅に出てみたいと考えていた。カナダやイタリアなど未知の国のラグビーを体験してみたかったのだ。

しかし流経大の監督である上野裕一らに止められる。現在ならそうした選択をする選手も多いのだろうが、当時は海外に出た選手が日本の企業でプレーできる道筋がなかった。そのうえ、超就職氷河期と呼ばれた時代である。

大学卒業を間近に控えたニールソンには、いくつか社会人チームから声がかかった。そのなかから茨城県の流経大からも近い千葉県我孫子市のＮＥＣを選ぶ。

「茨城から利根川をこえれば千葉で、〝チバラキ〟と呼ばれるくらいですからね」

北関東にいかにも慣れ親しんだ口調で、ニールソンが笑うように、決め手の一つが慣れ親しんだ環境である。もう一つが契約内容だ。

会社員として入社するのか。プロ選手として契約するのか。当初、ＮＥＣは会社員としての入社を打診してきた。

「でもサラリーマンとして働けるかは不安があった。当時のぼくは来日して七年しか経っていない。七歳の日本人です。七歳の子が企業に入って六〇歳まで働けるのかなと。それならプロで、と思いました」

現在はラグビーでも数多のプロ選手が活躍するが、そのころはサラリーマンとして働きながらプレーする選手がほとんどだった。一九九〇年代は外国人選手も会社員として来日していた時代である。

ＮＥＣで四シーズンプレーしたニールソンは、二〇〇三年二月の日本選手権初優勝に貢献する。そして二〇〇四年シーズンからは福岡市に本拠地を置き、トップリーグの下部であるトップキュウシュウを主戦場にしていたコカ・コーラウエストジャパンに移籍した。

日本代表にも近づいた。二〇〇〇年秋に行われたフランス・アイルランド遠征からニールソンは断続的に日本代表に招集されるようになる。だが、足首の靭帯のケガもあり、ゲームに出場するチャンスに恵まれなかった。

「チャンスをつかみきれなかった」と悔しさをにじませるニールソンが、桜のジャージに袖を通したのは、二〇〇四年一〇月末に香港で行われたアジア大会である。

彼は日本代表ではなく、日本代表予備軍とも言える日本選抜のメンバーとなる。初戦の香港代表と決勝の韓国代表とのゲームに12番センターとして出場した。

『ラグビーマガジン』二〇〇五年一月号では、ニールソンのプレーについて短く触れている。

〈今大会でもFLクロフォード（トヨタ自動車）やCTBニールソン（コカ・コーラWJ）などは、日本代表へのアピールと体を張ったプレーを何度も見せた〉

相手はフル代表だったが、試合はテストマッチとは認められなかったので、キャップは授与されなかった。

キャップについて聞くと「そりゃ、ほしかったですよ」と当然の思いを口にした。しかしニールソンにとって、キャップ以上に大切だと思えたゲームがある。

〝日本代表〟として、最後に戦ったアジア大会の韓国戦である。

試合前、選手たちが整列する。

1番はコカ・コーラのチームメイトである西浦達吉。ロックには前年まで東芝府中でプレーしてNTT東日本（現浦安D-Rocks）に移籍したアダム・パーカー。9番は関東大学リーグでしのぎを削った関東学院大出身で釜石シーウェイブスの池村章宏……。

香港フットボールクラブ競技場に、君が代が流れた。ニールソンは言う。

「それまでもすべての国の国歌は、美しいと感じていました。でもあのときの君が代は特別でした。本当にうれしかったな」

オレはこれから日本のために戦うんだな……。自然にそんな気持ちになった。幸せな気持ちだった。ニールソンには君が代が、自分の国の国歌だと自然に思えたのである。

ニールソン武蓮傳は、元日本代表の肩書きを持つ。

だが、キャップ数はゼロ。

彼にとって、二〇〇四年の韓国戦が桜のジャージを着た最後の試合となった。

ラグビーの町・釜石

コカ・コーラウエストジャパンで、ニールソンはトップリーグ昇格の原動力になる。二六歳から三二歳。ラグビー選手としては心身ともに脂がのった時期をコカ・コーラでプレーした。日本代表の選手と遜色ない自信はあるのだが、代表から遠のいていく。

ニールソンは、二〇〇五年に大学時代から交際していた宮城県岩沼市出身の女性と結婚し〈ニールソン武蓮傳〉と改名する。

その後、福岡を離れて、トップリーグの下部であるトップイーストの釜石シーウェイブスに移籍する。本拠は岩手県釜石市。現役の最後に東北にもどれるのはいいね、と妻と話した。

ニールソンの足跡を追うと、東北の地縁と深く結びついているように思える。彼にも印象に残るゲームを聞いた。高校時代のゲームで、真っ先に彼があげたのは、二年時の国体予選だった。

「オール宮城が、オール秋田を倒した試合。宮城が、秋田を倒すなんてありえないじゃないですか」

求められた同意には、私も素直に納得できる。私たちの世代にとって、宮城が秋田を倒すことも、山形が秋田を破ることも想像できなかったからだ。ちなみに私たちオール山形は、三年時の国体予選でオール秋田に、六〇点差の大差で敗れた経験がある。

そして、三・一一である。

二〇一一年三月一一日、ニールソンは釜石市のラグビー部の寮でいままでに経験がないほどの揺れに遭遇する。ベランダから飛び出した彼は、クルマのラジオをつけた。アナウンサーが津波からの避難をさかんに呼びかけている。ニールソンは日本語が分からない外国人選手に、津波について説明した。

妻と子どもが帰省していた宮城県岩沼市に何度も連絡をするが、電話もメールも通じない。翌日、不安に駆られながらも妻の実家にクルマを飛ばした。家族の無事を確認した彼は、一時、妻と幼い娘を連れて、古巣であるコカ・コーラレッドスパークスがある福岡市に避難した。福島第一原発から岩沼市までは約八〇キロ。原発事故の影響を懸念したのである。

かつて七連覇したシーウェイブスが、そしてラグビーが、釜石にとって、どれほど特別な存在か。ニールソンが実感したのが、震災から八七日目の六月五日のことだ。〈釜石ラグビッグドリーム2011〉と銘打ち、復興祈念試合が行われたのである。

釜石の復興の手助けになれば、と手弁当で駆けつけたのが、清宮克幸が監督として率いるヤマハ発動機ジュビロ（現静岡ブルーレヴズ）だった。

12番での先発が決まっていたニールソンだが、不安を抱いていた。

「町の人はすべてのものを失って、人生をリスタートしようとしている。そんなときにラグビーをしている場合なのかな、と感じていたんです」

シーウェイブスの選手たちはみな同じ思いだったはずだ。だが、それは杞憂だった。会場となった釜石市陸上競技場には、一五〇〇人もの市民が詰めかけた。

〈助け合い釜石〉

〈心を一つに〝絆〟岩手〉

〈今こそ強いスクラムの時！〉

グラウンドを囲む芝生の観戦スペースには横断幕が掲げられた。

キックオフ前、選手たちは観客とともに犠牲者に黙禱を捧げた。

毎年、トップリーグで上位を争うヤマハ発動機ジュビロは、全力で向かってきた。地力の差もあるうえ、シーウェイブスは満足に練習もできなかったのである。試合は一方的な展開になる。前半のスコアは三六対〇。

見せ場は後半四分に訪れた。

シーウェイブスのフォワードがボールを奪うと、バックスがボールをつなぎ、フルバックのピエイ・マフィレオが飛び込んで一トライを返す。

　立ち上がった観衆の声援とともに、色とりどりの大漁旗がひるがえった。緑。青。赤……。歓声と、観戦スペースに舞う三陸沿岸で富来旗と呼ばれる旗を見たニールソンは、スポーツの役割について実感していた。

　ラグビーを通して、町を盛り上げていく——それがオレたちの役割なんだな。オレたちは、町の人たちに支えられて、ラグビーをやらせてもらっていたんだな、と。

　二〇一九年四月、仙台育英高ラグビー部に十数年ぶりにニュージーランド人留学生が入部した。ニールソンがマウント・ロスキル・グラマースクール時代の恩師に、ふさわしい学生を推薦してもらったのである。

　ニールソンがラグビーの実力以上に重視したのは、真面目な人柄と異文化に対して興味、関心を持っているか、の二つ。

「なんと言えばいいかな、日本人に比べて、ニュージーランドの若者は軽いところがあるんです。不真面目というよりも、どこかいい加減な部分がある子が多い。どこに行くにもサンダルだったり、食事中にイヤホンをつけて音楽を聞いたり……。留学してきたダリエス・トマス君には日本人の真面目な部分を学んでほしい。そして、日本人の生徒には、パスやキックのテクニックだけじゃなくて、ニュージーランドの選手が持つラグビーに必要なタックルやコンタクトで絶対に負けたくないという気持ちを肌で感じてほしい。それは、口で説明したり、海外遠征したりしてもなかなか分からない。毎日一緒に生活して、練習しないと実感できない部分なんです。そこが理解できると日本人の生徒が一気に伸びてくるはずです」

二六年前に来日した元留学生が、後輩の親代わりになったのである。ニールソンは言う。

「いまはＷｉ－Ｆｉがあるから、ニュージーランドの親と顔を見て毎日、話ができる。ぼくのときは国際電話が高かったから一カ月に一度、話せるかどうか。そこがぼくらとは大きく違う。時代が変わったんだなと感じます。いつでも顔が見られるから逆に寂しくなるかもしれないけど、ニュージーランドの親はきっと安心ですよね。ダリエス君も、日本人の生徒も、これからたくさんの経験をしていく。ぼくらがそうだったように、お互いに成長して、世界を広げてほしいなと思っているんです」

第5章　外国人初の日本代表キャプテン

1999年W杯、サモアに敗れる。中央が主将マコーミック（共同通信社提供）

プロ化かアマチュアリズムか

かつてラグビーはアマチュアのスポーツだった。

ラグビーでの金銭のやり取りを厳しく規制していたのである。ルールブックの冒頭にもアマチュア宣言が掲げられていた。

〈ラグビーフットボールはアマチュアの競技である。競技に参加することにより、何びとも金銭または物的な報酬を求めたり受けたりしてはならない〉

しかし国際ラグビーボードが一九九二年にアマチュア規定を緩和して、プロフェッショナル選手を認める「オープン化」に舵を切るのは一九九五年のＷ杯後である。

日本ラグビーはどうすべきだったのか。日本代表監督を経験した日比野弘は、そんな時期に抱いた思いを開陳する。

「ぼくらはラグビーに取り組みながら、先輩や先生方の思想に共鳴してきた。その一つが、金銭を受け取らないこと。好きなスポーツに対し、無償で愛情を捧げる。見返りを求めないことがラグビーの素晴らしさだと感じていました。でもプロ化によってラグビーが持つそんな魅力すらも失われてしまうのではないかと危惧していました。だからぼくはアマチュアリズムを貫くべきだと考えていたんです」

プロ化以前、監督にもコーチにも報酬はなく、ノーギャラで指導していた。それは代表監督も大学の指導者も変わらない。実費として交通費と宿泊費が支払われるだけ。指導者だけでなく、レフリーもスタッフもみな無報酬でラグビーを支えた時代だった。だからこそ、選手たちは関係者に心から感謝してきたのである。

アマチュアリズム撤廃のターニングポイントとなったのが、一九八七年の第一回ラグビーW杯である。

建前はアマチュアの大会だったが、海外には実質的にプロと言えるような報酬を受け取る選手も出てきていた。日比野は言う。

「W杯後に代表の監督になったときには海外のラグビー関係者に『日本はいまだにアマチュアなんかにこだわっているのか』と笑われた経験もありました。世界が一気に変わったのに、日本だけが取り残されてしまっていたんです」

取り残されたのは、世界のラグビーからだけではなかった。一九九一年にはJリーグが華々しく創設された。Jリーグ以前の日本サッカーは、無料チケットを配ってもスタジアムがガラガラなほど不人気だった。しかしプロ化をきっかけに飛躍し、W杯出場常連国になり、野球に並ぶ人気スポーツになる。

世界で勝てないスポーツは、人気が落ち、裾野が広がらない。競技同士の競争にも勝ち残れない。スポーツにもボーダレス化が起き、日本ラグビーは岐路に立たされていた。

プロ化か。アマチュアリズムの堅持か。

金銭や見返りを求めず、ラグビーに純粋に向き合う。それは、一つの理想だろう。だが、専任の監督やコーチがいなければ、継続した強化もままならない。日本ラグビーだけがアマチュアリズムの理想を守ったとしたら、現実には海外とのレベルの差が広がり、サッカーなどのスポーツにファンを奪われ、競技人口が減少してしまう。

当時はすべてのラグビー選手が、学生か、会社員だった。

もしもプロ化に踏み切った場合、ケガをしたプレーヤーはどうなるのか。選手生命にかかわる大ケガは、生活の糧を断たれることになりかねない。またすべてのプロ選手が引退後、指導者やスタッフとしてチームに残れるとは限らない。プレーヤーのセカンドキャリアの問題はどのように解決していくべきか……。プロ化によって想像しうる弊害はいくつもあった。

プロ化を進める強豪国とアマチュアを守り続けた日本の差が、露骨にあらわれたのが、一九九五年の第三回W杯だった。

初戦のウェールズ代表に一蹴されると、次戦のアイルランド戦も二八対五〇と落とす。

絶望が訪れるのは、そのあとだ。

オールブラックス相手に一七対一四五の惨敗。

一つ、二つとトライが重ねられていく。まだ四つ目のトライくらいまでは盛り返すチャンスがあるのではないか、とブラウン管を見続けた。だが、祈りが届く気配はなかった。

蹂躙としか表現できないありさまだった。暗澹たる気持ちになった。何より悲しかったのは、私たちの目にも選手たちの闘争心が明らかにうしなわれていたことだ。

ラトゥは、最後の最後まで闘志を見せていた数少ない選手だった。

「三回のW杯で、個人的にはもっとも手応えを感じていた」とラトゥは語っていた。三〇歳。九年にわたり日本代表を支えたラトゥにとって、ラグビー選手として心身ともに最高のコンディションで臨んだ大会だったのである。

しかも前のアイルランド戦では敗戦にもかかわらず地元メディアの〝マン・オブ・ザ・マッチ〟に選ばれている。この大会で敗戦チームから選出されたのは、ラトゥただ一人だった。

いまだに彼は、日本代表としてのラストゲームに悔しさを滲《にじ》ませる。

「二敗したからもう帰ろう……。チームがそんな最悪の雰囲気だった。主力の選手も出なかったでしょう。最初から諦めていたんです。相手にも失礼です。もしも初戦で当たっていたら、そこまで離されていなかったはず。日本人の気持ちの弱い部分が出たゲームだったね」

惨敗が日本ラグビーに変革の必要性を突き付けた。

W杯で勝利するために、そして他競技との競争を生き抜くために。日本ラグビーは、ドラスティックな決断を迫られていた。

ニュージーランドとジャパンマネー

一七対一四五。

その敗戦を日本人のチームメイトとともに複雑な思いで見つめていたニュージーランド人選手がいた。

東芝府中ラグビー部のキャプテンだったアンドリュー・マコーミックである。彼は、日本人のチームメイトたちとテレビ中継で観戦していた。けれども試合が進むと空気がどんどん沈んでいく。

二〇一八年年末、東京駅に併設されたカフェで、マコーミックは日本のラグビー史に残る惨敗をこう振り返った。

「あそこまで離されるとは……。もっとできるんじゃないか。ウェールズか、アイルランドには勝てるチャンスがあると考えていましたから……。悲しい気持ちになりました」

そのとき、彼は強く思った。日本のラグビーは変わらなければならない、と。

一九六七年、ニュージーランド南島中部のクライストチャーチ生まれ。彼ほど、オールブラックスに思い入れを持つ人物もいないだろう。祖父アーチー・マコーミックも、父ファギー・マコーミックも、オールブラックスに選ばれた名選手である。

当時はまだ祖父、父、子と三代で黒のジャージをまとった一族はいなかった。もちろんマコーミック本人も子どものころからオールブラックスを夢見てきた。二歳のバースデープレゼントがラグビーボール。まさに物心つく前から楕円球に触れ、八歳になると地元のクラブでラグビーをはじめる。

祖父と父に憧れた少年は、オールブラックスへの階段を順調に上りはじめる。

ニュージーランドU17代表、U18代表、カンタベリー州代表、オールブラックス予備軍であるニュージーランド・コルツ、ニュージーランドXVなどに選出され、キャプテンとしてもプレーした。

そんなマコーミックが日本をはじめて意識したのが、一八歳のころだった。明治大ラグビー部がニュージーランドに遠征してきたのだ。

日本のラグビーに対して、どんな第一印象を持ったのか。

「ぼくらはボロボロのヤッケ（ウィンドブレーカー）に短パンを穿《は》いていたんだけど、明治大はみんな格好いいヤッケをきていた。ほしいな、と思って、お願いしたらプロップの選手がヤッケを交換してくれた。うれしくって、ずっと着ていたんですよ」

激しいプレーが持ち味で、現役時代には「赤鬼」「闘将」と呼ばれた。そんな異名からは想像もできない茶目っ気たっぷりな口調である。

このエピソードは、当時のニュージーランドと日本の経済格差をシンプルにあらわしているように思えた。ジャパンマネーの力でニュージーランドの選手たちが来日するのは、数年後のことである。

「ヤッケのあとが、吉田義人」とマコーミックは続ける。

吉田は秋田工業高から明治大に進んだあと伊勢丹などでプレーし、二〇〇〇年にはフランスのプロラグビークラブであるUSコロミエでも活躍した伝説的な日本代表選手である。

一九九二年四月二二日にニュージーランドラグビー協会創立一〇〇周年を記念して、首都ウェリントンのアスレティック・パークで開催されたオールブラックス対世界選抜戦。吉田は、世界選抜のメンバーに選出されていた。

　それは、一切、ムダがないプレーだった。

　ゴール前一〇メートルあたりの密集から世界選抜にボールが出る。センターの選手がタックルを受ける直前、ゴールポスト付近にキックを蹴り上げた。放物線を描き、落下してくるボールめがけて、一直線に走り込んでいったのが、11番の吉田だった。一七〇センチに満たない小さな身体のウイングが加速していく。そしてゴールポスト真下で身体を真っ直ぐに伸ばしてダイブした。ボールは吉田の両手にぴたりとおさまり、そのままグラウンディングし、トライ。一瞬の感嘆のあと、熱狂がスタジアムを支配した。

　その日からニュージーランドの子どもたちが吉田のプレーを真似しようとしたらしい。

「小さいけど、早い。ステップの幅も広く、すごいと思ったよ。実は、当時彼が日本の選手だとは知らなかったんだけど、面白いラグビーをするな、と印象に残ったんです」

観客席で目撃したマコーミックに、日本行きの話が持ち上がるのは数カ月後のことである。

そのころ彼は、不本意なシーズンを送っていた。プレーには自信はあるのだが、オールブラックスに選ばれない。また、カンタベリー州代表では、主戦場のセンターではないポジションで使われるケースも増えていた。

前年の第二回W杯をテレビ観戦した彼は、リフレッシュをかねて、プロリーグがスタートした南アフリカか、イタリアでプレーしたいと考えていた。

アンドリュー・マコーミック

一九九二年春のニュージーランドXVの試合の前日、マコーミックはのちに日新製鋼やヤマハ発動機（現静岡ブルーレヴズ）でプレーするスコット・ピアースと同室だった。

部屋に一本の国際電話が入る。

電話のあと、スコット・ピアースから一九九二年シーズンから日新製鋼でプレーすると聞いたマコーミックは「なんで、ジャパン？

「バカじゃないの」と笑った。

悪気はなかったのだろうが、ニュージーランドのトップ選手が持つ日本ラグビーに対する素直な印象だったのだろう。日本でラグビーなんてやっているの、と。

まだ本人は知るよしもないが、来日の道筋がつくられはじめていた。ラグビー部の強化をはかる東芝府中が、ニュージーランドの選手たちをリストアップしていた。ピックアップされた選手のなかには、マコーミックの名もあった。プレーだけでなく、カンタベリー州代表でキャプテンをつとめた統率力を買われたのである。

この時期、ニュージーランドでは、経済力を背景に日本がニュージーランド人選手をスカウトし、国技であるラグビーが弱体化する危険性があると批判が起きていた。

スポーツライターの新村佳史が『Business Data』一九九二年一二月号に寄稿した〈アマチュアの「助っ人」問題とスポーツ外交〉と題された記事がある。そのなかで、日本でプレーするニュージーランド人選手が、ジャパンバッシングの背景を語っている。

〈ニュージーランドは（略）不況で就職率がだいぶ落ちている。そこに日本企業が有名なラグビー選手を高給でスカウトするから、それに対するやっかみもあるんじゃないかな〉

社会人チームでは社員として契約した外国人選手に七〇〇万円ほどの年俸を支払っていた。一方のニュージーランドでは、まだプロ化の過渡期でアマチュアのクラブも多かった。七〇〇万円は、自国でえられる報酬の約二倍に相当したらしい。

一九九二年には国際ラグビーボードがアマチュア規定を緩和した。その前年、日本では、規定がなかった全国社会人大会の外国人出場枠を二人まで、と定めた。マコーミックの評伝『アンガス』の著者であるジャーナリストの伊藤健治は、これが外国人選手起用の解禁と受け取られ、社会人チームがこぞって補強に乗り出した、と指摘している。

一九九一年度の全国社会人大会で外国人選手を起用したチームは五チームで九人。一九九二年度には九チーム一六人に増え、翌年度は一三チーム二三人と増加した。

前述したように、高校初の留学生だったニールソン武蓮傳の来日も一九九三年。この時期から日本ラグビーの国際化が本格化したとも言えるだろう。

バブル崩壊直後だったが、ニュージーランドなどに比べるとまだまだ日本経済が強かった時代だ。国際的な格差のなかで、よりよい待遇をえられる日本でのプレーを選ぶ選手が増加したのである。

チームに受け入れられるために

マコーミックの来日は、一九九二年一〇月。二五歳だった。

「日本にきたとき、間違った判断をしてしまったと思いましたよ。ぼくはめっちゃニュージーランド人で、大好きな食べ物がミートパイとステーキでしょう。日本の食べ物が口に合わなかったんです。最初は餃子やトンカツが食べられなくて、吐きそうでした。いまは大好きですが、あれには苦労しました」

日本代表だった東芝府中の梶原宏之や薫田真広、村田亙は、外国人選手に慣れているのか、最初からフレンドリーで、グラウンドだけでなく、私生活もサポートをしてくれた。

だが、なかには外国人選手に接した経験がない選手もいた。

来日直後〝助っ人〟にポジションを奪われると危機感を覚えたのか。同じポジションの若い選手がずっと睨んでいた。

「いまは、日本人も外国人に慣れて、オープンになったから一カ月くらいでチームに溶け込めると思うんです。どこのチームもウェルカムって感じでしょ。当時の日本人はシャイ。新しい外国人選手がチームに馴染むのに一年くらいはかかりました。最初は寂しかったけど、私は自分で決断して日本にきたんだから、積極的に自分で動かなければ、と考えました」

マコーミックはグラウンドの外の時間を大事にしようと積極的にチームメイトに声をかけた。練習後、チームメイトを誘って、居酒屋に繰り出しただけではない。会社の忘年会などにも積極的に参加した。

チームに馴染む上で重要なポイントはなにか。

関係者や、海外出身選手が口を揃えたのは、ラグビー以外の点である。

日本の生活を楽しめるか。社会や文化に興味を持てるか。日本語を学ぼうとするか……。

他者に関心を示し、異文化を受け入れることができるかどうか。ラグビー以前に、一人の人間としての姿勢が重要なのだと語る。改めて聞けば、当然のように思える。

異文化に関心を持ち、寛容に受け止める。それは受け入れる側にとっても大切な考え方だ。

マコーミックが日本での新生活を楽しんだのは、言葉の端々から伝わってきた。

「瓶ビールは、ラベルを上にしてコップに注ぐでしょう。そういう日本の文化は会社の飲み会で教えてもらいましたよ」

「はじめて電話でピザの宅配を注文できたとき、本当に私は満足でしたね」

「日本のご飯が食べられなくて、五キロくらい痩せちゃって……。そのときは寮の隣の部屋だった木暮（明）さんの奥さんが心配して冷蔵庫をチェックして一緒に買い物に連れて行ってくれたんです」

「女友だちから教えてもらって日本語が上達しました。でも話し方が女性っぽくなって、みんなから笑われてしまって」……。

当初の契約は二年間だが、彼は日本に残る決意をする。カンタベリー州代表として再びプレーしないかと声をかけられていたにもかかわらずだ。

彼はいくつかの要因をあげた。ブラジル出身で日本の航空会社で働く妻となる女性との出会い。東芝府中のサラリーマンとして引退後も働ける日本ならではのアマチュアシステムの魅力。そして、もうひとつ。

日本行きを反対した父の存在である。日本でプレーをはじめてからも「帰ってきなさい」と言われ続けた。そのたびに「ノー」とくり返した。

きっと父も、息子にはオールブラックスを目指してほしかったのだろうが、息子はしがらみのない環境での生活とプレーが純粋に楽しかった。

「ニュージーランドでは、みんなおじいさんとお父さんのことを知っているでしょう。でも日本では誰も知らない。私一人の力が試されていた。それが何よりも面白かったんです」

母国の英雄である祖父と父。マコーミックは、ニュージーランドから離れて、アーチーの孫、ファギーの息子ではない一人の選手としてプレーできた。彼ははじめて純粋にラグビーを楽しめたのかもしれない。

当初の契約最後となった一九九四年シーズン。

社会人大会決勝まで進んだ東芝府中だったが、七連覇を達成した神戸製鋼に屈してしまう。マコーミックは素直にこう思えた。東芝府中ですばらしいチームメイトと出会えた。私にとって、社会人大会の優勝が、日本でやらなければならない仕事なんだな、と。

「PからGO」の意義

ニュージーランドのトップレベルを知るマコーミックの目に、日本のラグビーはどのように映っていたのだろうか。

「練習だけは世界一」とマコーミックは即答した。

「コンビネーションは、シャープでスムーズ、テンポもいい。ただしラグビーは相手がいるスポーツです。相手の状況に合わせて、攻撃しなければならない。それなのに、日本では試合でも真面目にプラン通りにしようとし過ぎる。そこは驚きました」

コンビネーションとは、相手がいない状態で、一五人でゲームプラン通りにパスを回してトライまでボールを運ぶ練習である。

「ニュージーランドでももちろん基本のゲームプランは決めています。でも、相手の動きを見てチャンスだと思えば、個々の判断でどんどんしかけていく」

マコーミックの指摘は、仙台育英高の監督である丹野の言葉とも重なってくる。教えられたことは上手にできる日本人選手に対し、ニールソンら留学生は教えられたことを自分の判断で応用していく。丹野はそう語っていた。基本に忠実な日本人選手は、臨機応変な留学生になかなか対応できない、と。

だからといって、幼いころから楕円球に親しみ、高レベルの試合を日常的に見てきたニュージーランド選手のようなプレーや状況判断が一朝一夕で身につくものではない。

そこでポイントとなるのが東芝府中の監督だった向井昭吾が取り組んだ「ＰからＧＯ」

だ。

「ＰからＧＯ」とはマコーミックが来日したころから東芝府中が導入した合い言葉である。

ゲームの時間帯や点差にもよるが、敵が自陣ゴール前でペナルティを犯した場合は、ペナルティゴールで三点を加算していくのがセオリーだ。だが、東芝府中は、あえてゴールを狙わず、選手個々の判断で、素早く攻めていく戦い方を実践した。

「ペナルティからも進む」で「ＰからＧＯ」。

連続して攻めている状態では、攻撃側の選手も相手の陣形を見ている余裕はないかもしれない。しかしペナルティを犯すとホイッスルが吹かれ、一度プレーがストップする。ストップした状態なら、瞬時に相手の陣形や空いたスペースを見渡せる。

相手にとっては、陣形が整う前に攻め込まれて、混乱状態に陥ってしまう。見ている私たちにとっては、エキサイティングで胸がすく戦術だった。マコーミックは解説する。

「ボールの近くにいる選手が、空いているスペースを探して、自分の判断でアタックしてください。それが『ＰからＧＯ』です。決まり事ではなく、選手それぞれの状況判断で攻めていく戦い方です」

それまでは組織のルールやトップの指示に従って、個々が動いていた。だが、それでは、個性が埋没して、リーダーが育たない。

では、個性を活かすためにはどうするか。

長年、組織のなかで生きてきた個に自由にやれ、と言っても戸惑って動けない。そこで、ある条件下で、個々に裁量をあたえる。そのくり返しで状況判断に優れた個が育っていく。

ラグビーを抜きに語れば、そのように表現できるかもしれない。

代表キャプテン、マコーミック

マコーミックが「PからGO」を武器にした東芝府中のキャプテンに就任したのは、一九九五年シーズンのことである。

そのころになると、ニュージーランドのスター選手がたくさんのチームでプレーしはじめた。マコーミックは、ラグビーファンなら誰もが知るプレーヤーにこんな相談を受ける。

「日本のチームで認められるにはどうすればいいのか……」

ニュージーランドを代表する、いや世界的な名選手が、日本で思うように活躍できずに悩んでいたのである。

日本人選手が自分に合わせろ。マコーミックの目には、彼はそんな姿勢でプレーしているように見えた。超がつく、スーパースターだ。日本のラグビーを下に見て、自分一人だけの力でゲームを決められると考えていたのかもしれない。

マコーミックはスーパースターに対して、こうアドバイスをした。

「どんな選手でも一人では試合に勝てないでしょう。だから一〇〇パーセント考えを変えて、チームメイトの日本人選手に合わせるべきです。日本人は相手を尊重して、互いに気を遣う。そのスタイルに学ばなければならないよ」

「ＰからＧＯ」は、組織のなかで、個の判断を活かそうとした戦術だった。しかし、突出した個が自分勝手に振る舞っては組織としての機能は弱まってしまう。マコーミックは来日から三年で、そのバランスを取る大切さに気づいていたのだ。

マコーミックにしても、その選手にしても、チームを強化する〝助っ人〟として来日した。〝助っ人〟がチームに溶け込むうえで重要なのは、チームの一員としての実感を持てるかどうかではないか。マコーミックは言う。

「たとえば、チームで決められた時間を守る。ドリンクが入ったボトルを持ってきてくれたスタッフの人に手渡しで返すのか、投げて返すのか。小さいことですが、そんな一つ一つの行動が大切だと思うんです」

もしもマコーミックが日本ラグビーを下に見て、自分勝手なプレーを続けたらどうだろうか。チーム内に不協和音が生まれたのではなかったか。マコーミック自身が話すようにラグビーは「どんな選手でも一人では試合に勝てない」。それを何よりも理解していたからこそ、クラブに溶け込み、チームメイトに認められて、キャプテンを任せられたのだ。

そして、一九九七年から東芝府中の要として、日本選手権三連覇を成し遂げる。

彼が日本代表のキャプテンに任命されるのは、代表初選出から約二年後の一九九八年二月一日のことである。

日本選抜がスーパー12（現スーパーラグビー・パシフィック）の強豪オーストラリアのブランビーズを日本に迎えた一戦だった。ロッカールームに設置されたホワイトボードに出場メンバーが記されていた。

背番号と名前を追っていく――13番。彼は、馴染みある番号と自身の名前を見つけた。

「ん？」と不思議に思った。

センターでコンビを組む元木由記雄の12番に主将を示す丸印が付いているはずが、なぜか今日に限って13番が丸で囲まれている。

「平尾さん、間違ったんだな」とマコーミックは感じた。

だが、監督の平尾は選手たちに声をかける。

「今日からマコーミックを中心に、このメンバーでチャレンジしましょう」

ロッカールームを出たマコーミックは、これまでにない責任を感じた。

結果は三四対三三の一点差での勝利。オーストラリア代表がプレーするブランビーズに対し、マコーミック主将は初陣を飾ったのである。

第四回W杯に臨んだ平尾ジャパンの特徴は、前回W杯で四人だった海外出身選手を六人に増やし、戦後はじめて海外出身のプレーヤーをキャプテンにすえたチームづくりである。

平尾はその意図を『文藝春秋』一九九九年一〇月号で次のように語っている。

〈文化の違いや人種の違いもありますし、物の考え方や練習への取り組み方なども異なります。それが勉強にも刺激にもなるのです。ジャパンには日本人が圧倒的に多いですから、日本人をキャプテンにした方が丸くおさまると言う人もいました。あのとき、丸くおさまっていたら変われませんでした〉

　和魂洋才ならぬ〝洋魂和才〟。平尾はメディアに対して、そんな造語でチームを表現した。

　だが、メディアからは批判を浴びる。先に記したように前回大会で日本代表から一四五点を奪ったオールブラックスのメンバーであるジェイミー・ジョセフとグレアム・バショップを選出したためだ。海外メディアが元オールブラックスを代表に入れた日本代表を「チェリーブラックス」と皮肉ったのも、前述した通りである。

準備とは、信じるとは

〈外国人初の日本代表キャプテン〉

　メディアに取り上げられたマコーミックに決まってついた枕詞である。

　外国人初のキャプテンとして、どんな苦労があったのか。彼は、幾度も聞かれた質問に対し、少しうんざりした雰囲気を装って、肩をすくめた。

「マスコミはぼくを『外国人の初の日本代表キャプテン』と呼びました。でも正直に言えば、ぼくにはまったくそんな意識はなかった。ぼくはただの日本代表のキャプテン。外国人だから……そんな意識はなかった。一人のキャプテンとして、チームのためになにができるか、それだけを考えていました」

彼は「責任の重さは感じていましたが……」と言葉を継いだ。

「平尾さんは批判を覚悟で、リスクをとって勝つために最善の選択をしました。ほかのスポーツでも、外国人が日本代表のキャプテンになったことはなかったでしょう。平尾さんはプレーヤーとしてはスマートだったけど、監督としての勇気とチャレンジはすごいな、と。その勇気に応えなければならないと思いましたね」

一九九五年W杯の惨敗で、日本代表は、ラグビーファンに絶望をあたえた。その負のイメージをどう払拭していくか。元オールブラックスを含めた外国人選手の起用は、そのための決断でもあったのだろう。

一九九九年六月、日本代表はカナダ、トンガ、サモア、フィジー、アメリカの六カ国が競うパシフィック・リム選手権で初優勝を飾る。

W杯への期待は高まった。一四五失点の雪辱を。ファンの願いに後押しされて、日本代表はウェールズに乗り込んだ。

そして一〇月三日にサモア代表との初戦を迎える。パシフィック・リム選手権で勝利した相手である。ファンは一九九一年以来のW杯通算二勝目を期待した。

序盤、何度も日本代表は相手陣に攻め込むが、トライをとりきれない。逆に、前半二三分、三〇分に日本のミスからトライを連取される。

印象的だったのが、ナンバーエイトのジェイミー・ジョセフである。彼は自らボールを持ち込んで何度も突破を試みた。もちろんサモア代表も元オールブラックスを警戒し、簡単には突破を許さない。

それならば、とマコーミックや大畑大介らが待つバックスで勝負するのだが、劣勢を打破できない。そんな状況で、ジェイミー・ジョセフは、ますます個のプレーに固執していくように見えた。元オールブラックスのプライドか。勝利を求められた〝助っ人〟の責任か。あるいはその両方か。いま思い返すと〝助っ人ガイジン〟の孤軍奮闘のようにも感じるのだ。

結局、終盤にサモア代表の猛攻にあった日本代表は、九対四三の大差で敗れてしまう。

なぜ、勝てなかったのか。

マコーミックは「当時のメンバーと話したことがある」と切り出した。

「メンタル……ですね。日本語で言えば、自分や仲間を信じ切れなかった。オールブラックスも、強かった時代の東芝も、どんなに押されていても自分たちは負けないと信じられた。それは前回のW杯で南アフリカに勝った日本代表も同じだと思います。どんな相手にも負けない……そこまで信じ切れる準備ができなかったのかもしれません」

準備。信じる……。ラグビーの現場ではたびたび耳にするが、曖昧な言葉である。準備をして、自分やチームメイトを信じれば勝てるのか。

おそらく日本ラグビーは、本当の意味では、準備とはなにか、信じるとはなにかを知らないまま使っていたのではないか。

準備とはなにか。信じるとはなにか。私たちが知るのは、二〇一五年W杯でのことだった。

前々回の二〇一一年大会と前回の二〇一五年大会。二度のW杯を経験したホラニ龍コリニアシは、その違いをこう説明していた。

「まず練習量。どこのチームよりも練習した自信があります。もう一つが対戦相手に対する分析。もちろん前々回の大会でも準備したつもりでした。でも、エディーさんは完璧主義者でしょう。相手の選手一人一人を細かく分析し、強みはなにか、その強みを消すために自分たちになにができるか、徹底的に勉強しました」

練習量は合宿の日数に端的にあらわれている。エディーはそれまで年間八〇日程度だった合宿の日数を一一〇日以上に増やしたのである。プレー面だけではない。ゲームで笛を吹くレフリーの傾向やキャラクターを精査し、宿舎から試合会場までの移動時間や交通量などまでも細かく把握した。

一九九九年W杯ではそこまで徹底した準備ができなかった。監督も選手もプロではない。

日本代表として、活動する時間が圧倒的に不足していた。六人の海外出身選手を擁した日本代表は、三戦で一勝もあげられずに帰国する。

ミスターラグビー平尾誠二が、元木由記雄、伊藤剛臣、大畑大介、廣瀬佳司、松田努、そしてマコーミックら、私たちが高校時代から憧れた選手たちを率いたチームだった。それに加え、二人の元オールブラックス……。

大会前の期待値が高かっただけに、落胆も大きかった。

いや、いま改めて振り返ってみるとどうだろう。

確かに期待はしていた。それは間違いない。だが、一人のファンとして本当に勝てると思っていたのか、と問われると自信がない。

サモア戦が行われた一九九九年一〇月三日、大学四年だった私は、なにかの用事でラグビー中継を見ることができず、ニュースで結果を知った。

悔しさよりも諦念が勝り、「またか」とため息がもれただけだった。

ファンにも負け癖がついていたのである。

日本代表になれなくても

元オールブラックスの力を借りても勝てない。すでに海外は一九九五年W杯後に、アマチュアリズムからオープン化と呼ばれるプロ化に舵を切っていた。

このままでは、世界に取り残される。ラグビー関係者たちは危機感を抱いていた。
日本ラグビーがプロ化に踏み切ったのは、海外に遅れること五年。二〇〇〇年のことである。

「日本ラグビーが一〇年、二〇年遅れた戦犯と呼ばれても仕方がない」

アマチュアリズム堅持を主張し続けた日比野は、自嘲気味にそう話した。

日比野はオープン化の議論が本格化したとき、もっと反対意見がでるかと考えていた。けれども実際は多くの関係者がプロ化を歓迎する。彼は時代が変わったと実感した。かつてはオリンピックも〝参加する栄誉が一番の報酬だ〟と考え、プロ選手は参加できなかった。しかしオリンピック憲章は一九七四年に参加資格を変更して〈アマチュア〉の言葉を削除した。

スポーツもグローバリゼーションと無関係ではいられない。日本ラグビーのアマチュアリズムは、二〇世紀とともに終焉を迎える。

日比野にとっては、ラグビーこそが、アマチュアリズムを守る最後の砦だった。

「ラグビーよ、お前もか、と。でもね、いま振り返ってみれば、もしもアマチュアリズムを貫いたら、ラグビーをプレーする人自体がいなくなっていたかもしれない。きっとプロ化しか道は残されていなかったと思うのです」

日比野が危惧したプロ化の弊害。とくに海外出身選手たちにとって、なにが起きているのだろうか。

その疑問に答えてくれたのが、パレイ　タカイである。

ノフォムリやラトゥのほかに、話を聞いた方がいい大東大のトンガ人OBは誰か。その問いに対して、鏡が真っ先に名をあげたのが「タカイ・パレイ」だった。

四年前に帰化し、パレイ　タカイに改名したらしいが、タカイ・パレイも、パレイ　タカイも知らない名前だった。

一九九〇年代以降の選手なら名前くらいは耳にしたことはあるはずだが……。

鏡によれば、日本代表になったシオネ・ラトゥとロペティ・オトと一緒にトンガから来日したが、ポジションや外国人選手出場枠の関係で、出場機会が少なかったと説明した。

「タカイ・パレイさんはね、いまも横河電機でサラリーマンとして働いているんです。とても真面目な子でね。一度、話を聞いてみるのがいいかもしれない」

二〇一九年二月下旬、私はパレイが待ち合わせに指定した三鷹駅に向かった。

三鷹駅北口を降りたのは、午後四時過ぎだった。パレイとの約束の時間まで、駅の周辺を歩いてみた。

海外出身の選手たちに話を聞いてきたせいだろうか。外国人の多さが目に付いた。ヨーロッパ系、中東系、アジア系……。多様な人種の人たちが行き来していた。

たくさんの外国人が行き交う三鷹でも、パレイはすぐに分かった。人混みのなかでもひときわ大きな体軀。スーツの上に黒いジャケットをまとって、ズボンの裾に自転車用のバンドをつけている。数分の遅刻を律儀に詫びるパレイは、ギョロリとした大きな目が印象的な人物だった。

「ダイエット中で、自転車で通勤しているんですよ。いまは一一三キロくらいで、目標が一〇八キロ。身長は一八二センチですね」

志南利ラトゥの母校であるトンガカレッジ出身のパレイの来日は一九九一年三月一五日。一九九四年シーズンで大東大が三回目の大学日本一になった世代である。

「いまとは違って、あのころはほとんどの選手がトンガ国内でプレーしていたでしょう。そんななか、トンガ代表でもありながら、日本代表にもなったノフォムリとラトゥは有名だったんです。二人の存在を知っていたから私も日本に行ってみたいと思いました」

来日当初は、トンガで経済の教師になるか、日本企業で働ければ、と考えていた。彼も先輩留学生と同様、一年間の語学コースを経て、経済学部経営学科で学ぶ。

「私も日本代表になりたい気持ちはありました。でも、ジェイ（シオネ・ラトゥの愛称）とオトはスーパースターだった。私の出番はあまりない。悔しい気持ちもあったけど、二人を応援していました」

トンガ代表を経験したシオネ・ラトゥは、一九〇センチ、一〇〇キロで日本人選手よりも二回りも三回りも大きいサイズのナンバーエイトだ。

やはりトンガ代表だったオトは、一七六センチ、九六キロのスピードとパワーを兼ね備えたウイングである。ディフェンスを弾き飛ばしながらフィールドを駆け回るオトのプレーは壮快だった。躍動する様をまるでスーパーボールみたいだと思って、見ていた覚えがある。

あの二人とレギュラーを争う……。かなり高いハードルである。ラグビーを続けるモチベーションを維持するのも難しいのではないか。パレイは言う。

「私がラッキーだったのは、マサソがいたこと」

トンガの大臣・マサソ

マサソとは、一九八九年から大東大大学院で経済を学んだトンガ出身のマサソ・パウンガである。彼は、ノフォムリ、ホポイの第一期、志南利ラトゥ、ナモアの第二期に続いた三期目のトンガ人留学生だ。

マサソは、大東大ラグビー部の、いや日本の大学ラグビーの多様性と可能性を示す留学生である。

アメリカの大学を卒業していたマサソは、プレーを続けながら七年間、大東大の大学院で学び、日本の自動車産業についての研究で博士号をえた。選手としても、ロックなどで関東大学リーグ戦に出場している。

帰国後の一九九六年から二〇〇四年まで、トンガの労働大臣や商工大臣などを歴任し、母国の政治にたずさわる。そして現在は、南太平洋大学の副学長をつとめる。

南太平洋大学は、フィジーやトンガ、サモア、バヌアツ、ツバルなどオセアニアの島嶼国家一二カ国が共同設立した公立の総合大学である。本部はフィジーの首都スバだが、バヌアツやサモアなどにもキャンパスを置いている。

ラグビーと学問。文武両道を地で行く留学生だったマサソは、出場機会に恵まれないパレイを諭した。

「ジェイとオトの二人がラグビーをがんばるのなら、あなたは勉強をがんばりなさい」

ソロバン留学生の先鞭をつけた中野敏雄にも「お前はきちんと勉強しろ」と叱咤された。

「鏡さんも単位を落とした人に『もうラグビーやらなくてもいい』とよく怒っていました。マサソも厳しかったな。勉強しない留学生をよく怒っていたし、私もいろいろ勉強をチェックしてもらったり、アドバイスをもらったりしました。マサソがいたから、私は五年間、勉強もラグビーもがんばれたんです」

パレイは大学卒業後、横河電機（現横河武蔵野アトラスターズ）でラグビーを続けた。マサソにはトンガに帰って一緒に仕事をしようと誘われたが、故郷の家族を経済的に支えるために日本に残る決意をした。横河電機を選んだのは、ラグビーだけではなく、仕事の成果も求められる企業だと聞いていたからだ。

「最初はシューホーも書いたんです」

その言葉が何を意味するのか思い浮かばず、私はシューホー……とぼんやり口にした。そんな私に対し、パレイはペンを持つジェスチャーで「シューホー」とくり返す。やっと「シューホー」が「週報」であると思い当たった。トンガ出身の元ラグビー選手と「週報」が結びつかなかったのである。パレイは続ける。

「ラグビーの言葉と会社の言葉は違うでしょう。一年目は本当に苦労しました」

週報を書いても上司に「何が書いてあるか分からない」と突き返される。

「でも私、日本人じゃないし……」と愚痴をこぼすパレイに対して上司は「日本で働くのなら、日本語で書きなさい」と再提出を求めた。

「私にとってはその厳しさがよかった。いま思えば、確かに日本語の文法もめちゃくちゃでしたからね。いまはEメールも電話も全部日本語でやれるようになりました」

ラグビーを引退し、社業に専念したのは二〇〇〇年。日本でもプロ化がスタートした年である。引退を決意したのは、ケガに悩まされたことに加え、プロの外国人選手が入部して出場機会が減ったからだった。

現在、計測機器などの販売を行う横河ソリューションサービス株式会社の会社員として、海外の代理店とのやり取りや、機器の消耗品の調達などを担当している。

「トンガ・コミュニティ」の懸念

日本で学び、働いてきた自負からだろう。パレイの言葉一つ一つから、日本企業の一社員として働く誇りが感じとれた。

彼はプロ化とトンガ人選手が抱える問題を次のように指摘する。

「いまは、みんなラグビーでプロになろうとして日本にくるでしょう。高校生も大学生も……いえ、中学生できている子もいる。もちろんプロになれる選手は問題ないし、若いうちからくれば、日本語の上達も早いからいいかもしれない……。でも一三歳、一四歳は早すぎる。トンガにはないものが日本にはたくさんある。トンガでは真面目な子も……」

パレイは「日本語でなんと言うのかな……」とほんのわずかな時間、言葉を探して「そうそう、ハメを外す、だな」とつないだ。

「まったく違う環境で、遊びたくなったり、悪いことを覚えたりする子も出てきてしまっているんです。高校や大学を卒業できない子も出てきている。私たちの気持ちとしては勉強もおろそかにせず、ラグビーと両立してほしい」

ふるさとのトンガに比べれば、経済的にまだまだ豊かな日本でプロラグビー選手を目指す。トンガのラグビー少年にとっては、純粋な夢といえるだろう。

一方、少子化が進むなか、ラグビー部を強化し、校名をピーアールして学生を集めようとする日本の高校や大学の狙いも理解できる。

現状で、両者の思惑はぴたりと重なっている。

だが、ラグビーだけに打ち込む半分プロのような留学生が増えたらどうなるか。

そのままプロとして活躍できれば、トンガ少年は夢が叶い、校名のピーアールにもなる。

パレイが指摘するように「Ｗｉｎ－Ｗｉｎ」の関係が築かれる。

そのすべてを否定するわけではない。だが、もしもプロとして契約できなければ、どうなるのか。パレイの危惧は切実である。

「もちろん全員がプロになれるわけがない。現実的に日本代表クラスじゃないとプロ契約してもらえない。明らかに、そのレベルにはない子も、たくさん来日しています。そのうえ、企業はオールブラックスなどのビッグネームを取りたがるでしょう。オールブラックスの選手と契約を争わなきゃいけないんです。プロでやっていけないなら、会社員として働ければいいんですが、勉強をしていないから企業にとってもらえない。トンガに帰っても仕事がない。私たちの時代は、日本語をきちんと学んだから、日本語で履歴書も書けたし、面接も受けられた。でもいま、履歴書も書けず、日本語も満足に話せない留学生も多いんです」

パレイやノフォムリ、ラトゥたちが中心となり、「トンガ・コミュニティ」と名付けた在日トンガ人の互助組織を結成した。

いま彼らが危惧しているのが、プロになれなかった留学生の問題である。まったく勉強せず、ラグビーもおろそかになった留学生を「トンガ・コミュニティ」の面々が話し合って、帰国させたケースもあった。

名誉会長であるノフォムリも危機感をあらわにしていた。

「一〇年前……数年前だったら、トンガ人留学生全員の顔や名前、親も分かっていました。私たちも高校や大学に頼まれて、ラグビーもできて、勉強熱心な子を紹介していました。でも、いまは、あちこちの高校が私たちも知らない仲介者を通してトンガ人留学生を受け入れている。どこに誰がいるのか、分からない状態です」

これまではトンガ人留学生になにかがあれば、先輩たちが力になってきた。

しかしプロ化、そしてボーダレス化によって留学生が加速度的に増えすぎた結果、手助けしようにも、手を差し伸べるべき相手がどこにいるのか把握できない状況になっているのだ。

留学生受け入れの是非

たくさんの元留学生に話を聞くなかで、私は積極的に留学生を受け入れていくべきだと考えるようになっていた。

うまくいったケースばかりを聞いているからではないか。そんな批判もあるかもしれない。それでもそう思うにいたったのは、ラグビーに止まらない兆しを感じたからだ。留学には、留学生本人だけでなく、受け入れる日本人側にも、フィールドの内外で有形無形の学びがある。

日本政府が外国人の受け入れを進めるいま、異文化、異言語のチームメイトと過ごした時間は、きっと大きな経験として社会に還元されていくはずだ。

しかしＮＴＴドコモレッドハリケーンズ（現レッドハリケーンズ大阪）のリクルーターの呉《オ》英吉《ヨンギル》は、留学生の受け入れに懸念を示す。

一九六八年生まれの呉は大阪府出身の在日コリアンである。朝鮮大学校卒業後、母校の大阪朝鮮高校に体育教師として赴任する。監督として指導したチームは、二度も花園ベスト４に駒を進めた。そして二〇一五年にＮＴＴドコモのリクルーターに転身する。

二〇一九年春、熊谷ラグビー場で行われた全国高校選抜ラグビー大会を一緒に観戦したあとに立ち寄ったビールショップで呉が語った言葉が、印象的だった。

「大学生なら自分の意志で自立できる。大学の留学生は積極的に受け入れていくべきでしょう。でも、いまは中学時代にトンガなどから留学生を呼び、義務教育を修了したことにして、高校に進学させる学校もある。留学生でも日本人扱いとして、公式戦に出場できる。抜け道を見つけて行きすぎた強化を行う学校があるのは事実です。規制が進んでいますが、若年の留学生受け入れにはもっと慎重になるべきでしょうね」

蘇ったのが、仙台育英高のニールソン武蓮傳の本音である。

「十代のあの時期に、親にも兄弟にも二年も三年も会えないのはキツかったかな」

それでも、高校初の留学生となったニールソンには、中学時代の恩師であるサイモン・ミルズが親代わりとして仙台に暮らしていた。

次に紹介する県の指摘は、ラグビー指導者や、クラブのリクルーターというよりも、二七年間も教壇に立ち、高校生と向き合ってきた教師ならではの視点だと感じる。

「十代前半から半ばの子どもには、保護者の愛情が絶対に必要です。日本でラグビーをしたい、と考えている子をただ受け入れるのでは、不幸な結果が待っているかもしれない。中学、高校の三年から六年は人格形成にも大きな影響をあたえる時期です。短期留学とはわけが違います。受け入れる側も、母国の親に安心してもらえる体制をつくらなければならない。二〇一九年の四月から政府は外国人労働者の受け入れを拡大した。難しいとは思いますが、希望する保護者には日本で働ける場を提供し、一緒に暮らす環境をつくれないか。そこまで考えていく必要があると思います」

ラグビー以前に、一人の人間として留学生の成長にどのようにかかわっていくのか。母国に残った親と来日した子の関係を守るにはどうすべきなのか。県の指摘には、人間としての根源的な問いが含まれている。

「トンガ・コミュニティ」では、トンガの親や学校、そして日本の受け入れ側にも呼びかけをはじめている。

トンガで、日本語や日本文化、慣習、法律などをきちんと学んでから留学をする仕組みを構築できないか。受け入れる学校側と「トンガ・コミュニティ」が連携して、効果的なサポート体制をつくれないか……。

パレイの言葉が、きっとすべてのトンガ人留学生の親の気持ちを代弁しているのだろう。

「ラグビーはトンガでもできますが、大学で勉強するにはトンガを出るしかない。親たちは、まずは勉強して、その次にラグビーで活躍してほしい。勉強さえしていれば、プロになれなくても日本で仕事ができる。生きていける。だから留学生は、日本人以上に勉強しないと」

第6章　楕円球がつくった出会い

2015年W杯、アメリカに勝利。前列向かって左から畠山、稲垣、ホラニ、五郎丸
（共同通信社提供）

ホラニ龍コリニアシの不在

いけるんじゃないか……。今度こそ、勝てるんじゃ……。

二〇一一年九月一〇日、宮城県石巻市のビジネスホテルで、私は食い入るようにブラウン管を見つめていた。

ニュージーランドで開催された二〇一一年第七回W杯。日本の初戦であるフランス戦である。一九九一年第二回W杯のジンバブエ戦の勝利を見た経験がなかった私にとって、W杯で日本代表が勝利にもっとも近づいたゲームの一つとして、記憶に残っている。

この試合で注目していたプレーヤーの一人が、トンガ出身のナンバーエイトであるホラニ龍コリニアシだった。

序盤、何度かホラニにボールがわたるが、相手ディフェンスが殺到し、思うように前進できない。そのたびにゲームを中継するアナウンサーが解説する。

「フランスのヘッドコーチが、もっとも警戒する選手として、ホラニの名をあげていました」

確かにホラニは徹底的にマークされているように見えた。

前半二五分。ホラニはディフェンスの壁をぶち破ろうと、強引に突破をはかる。ボールがこぼれた。ゲームはフランスボールのスクラムで再開されるのだが、ホラニの姿がない。

三人のタックルを受け、膝を傷めてしまったのだ。その後、患部をテーピングで固めてプレーしたが、三七分に退場してしまう。右膝の靭帯断裂だった。

日本代表は一一対二五で迎えた後半序盤のピンチをしのぐと、テンポのいい攻撃でゲームを支配する。

後半八分にキックのこぼれた球を拾ったスタンドオフのジェームス・アレジがゴールに飛び込んでトライ。ゴールキックも決める。

世界ランク四位の強豪を一八対二五の一トライ一ゴール差まで追い詰める。

さらに後半一七分にもアレジのペナルティゴールで四点差。完全に流れは日本代表にきていた。番狂わせを期待したオークランドのノースハーバースタジアムの観客も日本のプレーに声援を送りはじめる。

勝てるかも……。淡い期待は、後半に入ると勝てるはず、いや、日本ラグビーが変わるにはここで勝つしかない——そんな強い願いに変わっていた。

しかしジャパンのミスを見逃さなかったフランス代表にボールを奪われると、一気に逆襲される。残り一〇分でフランス代表は三連続トライ。結局は二一対四七の敗戦だった。

試合の流れを振り返ってみると、ホラニの負傷退場が最後まで響いたように思えた。

フォワードの中心選手であるナンバーエイトの不在は、ゲームプランの変更を余儀なくされる。しかももっとも相手が警戒していた選手である。実質プレーした時間はわずか二十数分。返す返すも、ホラニの負傷退場が悔やまれた。もしもホラニが最後まで出場できていたら……。そう思わずにはいられない惜敗だった。

クライストチャーチと石巻、二つの被災地

二〇一一年は日本にとっても、W杯が開かれたニュージーランドにとっても、忘れられない年となった。

二月二二日、ニュージーランドのクライストチャーチで大地震が発生した。日本人二八人を含めた一八五人が犠牲になったカンタベリー地震である。

その一七日後の三月一一日。東日本は、大きな揺れと津波に襲われる。福島第一原発事故をともなう東日本大震災だ。

当時、自然災害をテーマに取材を続けていた私は、震災二日後の三月一三日に東北に向かった。キャンプをしながら、一カ月被災地を歩いた。東北学院大を卒業した私にとって、被災したのは馴染み深い町である。亡くなった知人や身内を喪《うしな》った友人たちもいた。その後も毎月、沿岸被災地に足を運んでいた。

だからこそ、二〇一一年W杯の日本代表には特別な期待を持っていた。釜石シーウェイブスの本拠地である岩手県釜石市だけでなく、石巻市もラグビーが盛んな町だ。仙台育英高が台頭するまで宮城県の高校ラグビーをリードしたのが、石巻高、石巻工業高、宮城水

産高ら石巻勢だった。

しかも初戦のフランス戦は、九月一〇日。震災からちょうど半年の節目の試合である。なんとか勝利して、石巻の人たちを勇気づけてほしいと思ったのだ。

その希望はかなわなかったけれど……。私はフランス代表を追い詰めたジャパンの奮戦に興奮していた。ちなみにフランス代表はこの大会で準優勝チームとなる。

試合が終わったのは、日本時間で一七時少し前。まだ町は明るかったが、私はビールを飲もうと石巻市中心部の立町商店街にある「魂」に向かった。

「魂」は東北学院大ラグビー部の二年先輩だった松本敏明が営むバーである。

被災地では、大切な人や家、仕事を喪った人の話に耳を傾け続ける。自ら望んだテーマではあるが、精神的に苦しくないと言えば、ウソになる。ビールを飲みながら、松本とラグビー部時代の思い出を語り合うのが、石巻での震災取材の数少ない息抜きだった。

「いらっしゃい。またきてたのか」

カウンターに腰掛けた私に、厳つい顔のマスターはグラスを磨く手を止めずに言った。

松本は宮城県の古豪石巻工業高出身。二年時に花園に出場し、三年時はオール宮城の中心選手だった。現在、石巻市で「魂」と「ビストロ種」を営みながら、石巻工業高のコーチをしている。

おしかったですね。その一言で、松本も察したらしい。彼は生ビールをジョッキに注ぐ。

「んだな。ホラニのケガがなければ、わがんねがったな。次はニュージーランドかぁ……厳しいなぁ」

松本の見たても同じだった。ホラニのケガがなければもしかしたら……。

私が、ホラニ龍コリニアシのプレーをはじめて生で見たのは、その前年。二〇一〇年一月、秩父宮ラグビー場でトップリーグのプレーオフ決勝を観戦したのである。

東芝ブレイブルーパス対三洋電機ワイルドナイツ（現埼玉パナソニックワイルドナイツ）。開始早々、派手なヘッドキャップをかぶった選手に目を奪われた。ボールに絡んでいなくても自然に目に入る。そのプレーヤーが三洋電機のナンバーエイトであるホラニだった。

彼のプレーに驚いた。相手の身体をへし折らんばかりの激しいタックルと豊富な運動力。チャンスの場面にも、ピンチの局面にも、派手なヘッドキャップの彼がいた。瞬く間に彼のファンになった。

互いに堅いディフェンスで決定的な突破を許さない緊迫したゲームは、前半に二つのペナルティゴールを決めた東芝が六対〇で制した。互いにミスもない。両チームとも積極的にアタックをしかけるが、粘り強いタックルで突破を阻む……。緊張が途切れぬ名勝負だった。

その後、ホラニの来歴を知り、再び驚いた。彼は海外出身の日本代表第一号であるノフォムリの甥っ子だったのである。

学年トップの成績で日本へ

「ノフォムリさんに似ていると言われるのがうれしかったんです。子どものころから、ノフォムリさんに憧れていましたから」

ホラニは黒目がちの大きな目で相手を真っ直ぐに見据え、言葉を慎重に選ぶ。知性を感じさせる語り口だった。

二〇一八年一二月、ホラニにとってはパナソニックワイルドナイツ一三年目のシーズン。群馬県太田市のクラブハウスに、ケガでゲームから遠ざかっていたホラニを訪ねた。プレーイングコーチとして後輩を指導しながら、復帰に向け、リハビリに取り組んでいた。

一九八一年一〇月、ホラニはラグビーが盛んなトンガの首都ヌクアロファで生を受ける。トンガと日本。二つの国の代表となった伯父を持つホラニだが、日本でラグビーをはじめたという異色の経歴の持ち主である。

「お母さんがノフォムリさんの妹なんです。ノフォムリさんはラグビーをがんばりすぎて、勉強をおろそかにしてしまったみたいで……。それで、お母さんが『ラグビーはダメ』と。だからトンガでは草ラグビーを遊びでやったくらいなんですよ」

ホラニはそう苦笑いする。

彼が、人生を方向付けるシーンを見たのは、一九八七年五月二四日。オーストラリアのブリスベンで開かれた第一回W杯。日本の初戦となったアメリカ代表とのゲームだ。

ノフォムリの最初の見せ場は、前半二一分。

朽木英次が相手のタックルで倒れながら放ったパスを受け取ったノフォムリは、いったんスピードを緩めると、再び加速する。反応しきれない相手ディフェンスをスワーブで抜き去り、ゴール左隅に飛び込みトライ。七対三とリードを奪う。

テレビ中継では豪快なランが何度もリプレーされた。さらに一四対二一で迎えた試合終了間際にもノフォムリが躍動する。

相手ゴール前のスクラムを日本が押し込むと、ボールがこぼれてインゴールに転がった。その一瞬を見逃さずにノフォムリが身を挺してボールを抑え、二本目のトライを決める。だが、日本の反撃もここまで。日本代表はW杯初戦を一八対二一の僅差で落としてしまったのだが……。

「伯父さん、すごい。格好いい」

トンガのテレビ中継で、ノフォムリのトライを見た五歳の少年の胸は高鳴った。ぼくもいつか日本代表になりたい、と。

少年は、中学生になると憧れの伯父の母校であるラグビーの名門トゥポウカレッジに進むが、籍を置いたのは吹奏楽部。トロンボーン奏者だった。

そんな彼にチャンスが訪れる。

埼玉県深谷市の埼工大深谷高校（現正智深谷）がトンガ人留学生受け入れを進めていた。当時の監督は森喜雄。埼玉県の名門である熊谷工業高校を長きにわたって指導した人物である。三洋電機でプレーする選手の結婚式でのこと。教え子の式に招待された森は、同席したノフォムリにこんな話を聞いた。

「トンガには、日本で学びたいと考えている子どもたちがたくさんいるんです」

その言葉をきっかけにトゥポウカレッジと姉妹校提携をした埼工大深谷高は、留学生の受け入れをスタートした。選抜を担当したのが、森とノフォムリだったのである。

ノフォムリは、選抜のポイントを次の二つに絞った。

「将来ラグビーで食べていけるポテンシャル」

「日本の企業で働ける学力」

目に止まったのが、トゥポウカレッジのエースで、のちにNECグリーンロケッツや豊田自動織機（現豊田自動織機シャトルズ愛知）などで活躍するマナセ・フォラウ（現フォラウ愛世）。そして成績が学年トップだったホラニである。ノフォムリは説明する。

「コリー（ホラニの愛称）を選んだのは勉強が飛び抜けてよかったし、身体が大きかったからね。だって、勉強に比べたらラグビーなんて簡単でしょ。でも、まさか、日本代表のナンバーエイトになるなんて想像もしていませんでしたが」

教師だったホラニの母は長男の日本行きに猛反対した。彼女は、オーストラリアかニュ

ホラニ龍コリニアシ

ージーランドの大学で勉強してほしいと考えていたからだ。だが、ホラニ本人に加え、兄の説得に最後には折れて、「勉強もがんばるなら」と条件付きで兄が暮らす日本に送り出した。

「ラグビーをやるならオレをこえろ」

伯父の言葉を胸に刻んだ一六歳のホラニが、トンガ初の高校留学生として来日したのは一九九八年のことだ。来日が決まるまでホラニはどんな将来を思い描いていたのだろう。

「勉強するには外国に行くしかないから、中学一年から高校三年までみっちり英語を勉強する。ほかの国でも生きていける教育なんですね。ぼくも、もしもラグビーができなかったとしても、海外で勉強し、働きたいと考えていました」

二人の留学生は、日本語の授業のほか、日本人の同級生と一緒に普通の授業を受けた。当初、教員や同級生が話しかけてきても表情が読めず、怒っているかどうかも分からずにストレスを感じたとホラニは語る。

「日本の高校英語はトンガの小学校レベル。英語のほかは、数学の授業は分かりましたが、ほかの授業は、ボーッとしているだけ。そりゃ、歴史上の日本人の名前を言われてもよく分かりませんからね。学校も、何もかもはじめてだから手探りだったんだと思いますよ。練習もきつくて、筋肉痛が永遠に続く感じ。一緒にきたマナセ君は余裕で練習についていけたみたいだけど、ぼくはド素人だったから、ホント大変だったッスよ」

現在、ホラニのサイズは一八八センチ、一一五キロだが、来日時は一八五センチ、八五キロ。ラグビー選手としては細身だった。

そのころの埼工大深谷高は年間七〇日以上も合宿を行っていた。普段は自宅から通ってくる生徒も週末になると合宿所に寝泊まりする。いま振り返ると「この体験が大きかった」とホラニは感じるのである。

「金土日、金土日……と、ずっと合宿。マナセ君と一緒でしたが、しょせんは二人。授業も練習も合宿もいつもチームメイトと一緒だったから半年が経つころには日本語も自然に覚えたし、仲間意識が芽生えていましたからね」

家族よりも長い時間を

高校時代の思い出を語ってくれたのは、ホラニの同級生で、ラグビー部OBの片岡淳史と曽根直也である。

中学時代からラグビーに取り組んでいた片岡は、高校では花園を目標に高いレベルでラグビーをしたいと考えていた。

埼工大深谷高にトンガ人留学生が入る。中学三年生だった片岡は、そんな情報を耳にする。

「埼玉で花園を目指すには、トンガ人を敵に回すか、味方につけるかの選択になるわけですよね。だったら味方がいいかな、と。それに二人は規格外のパワーを持っていた。毎日毎日、彼らと練習していたからこそ、ラグビー選手として成長できたと思う」

埼工大深谷高を卒業した片岡は、立正大学からNECグリーンロケッツに進む。二〇一一年に引退するまで日本のトップレベルでラグビーを続けた。

「合宿のおかげで、言葉でコミュニケーションをとるよりも早く、二人のキャラクターやプレースタイルを理解できた。家族よりも長い時間、一緒にいましたから。意思疎通ができないフラストレーションで、小競り合いといえばいいか、険悪な雰囲気になったことは確かにあった。でも、それは日本人同士だってありえることでしょう。しばらくしたら、日本人だから、トンガ人だから、そんな感覚はなくなっていたかな」

片岡は二人の留学生について「やんちゃでお茶目なマナセ」と「真面目で冷静に気を遣うコリー」と評する。彼は、授業中に、書き順も分からないのに、見よう見まねで漢字を書き写すホラニの姿を覚えている。

高校卒業後、仙台の東北福祉大でプレーした曽根も次のように語った。

「『ガイジン』だと思ったのは最初だけで、数カ月もすれば、自分たちと変わらないクラスメイトの一人、チームメイトの一人として溶け込んでいました」

驚いたのは、ホラニが上達していくスピードである。

「マナセは最初からすごくて止められなかったけど、コリーは一年生のときは細くて頼りなかった。でも、真面目に練習するからどんどん頼もしくなっていく」

練習中、ホラニに何度も吹っ飛ばされたと曽根は苦笑いする。

「自分の限界も突き付けられましたけど、同時にコリーのような選手が上で活躍するんだろうなと思いました。そんななかで、いつの間にか、彼らと一緒にがんばっていれば、なんとかなるという信頼感が生まれた。二人を中心にチームがまとまった感じはありますね」

曽根の話を、正智深谷高ラグビー部監督の松本哲也も裏付ける。松本は、来日したばかりのホラニとマナセをコーチとして指導した。

「当初はチームとしてなかなか合わなかったんです。たとえば、マナセが突っ込んでいって倒される。日本人の感覚ならラックなんですが、マナセは倒れながらパスをしてくる。そうしたプレーに日本人選手が反応できなかった。でも徐々にマナセも日本人選手もお互いのプレーを理解し、合わせるようになる。まだ言葉でコミュニケーションがとれる時期ではなかったのですが、お互いがプレーで歩み寄っていく。見ていて面白かったですね。

そしてコリーとマナセが二年生になるころには、ゲーム中も自然に役割が生まれていた。コリーとマナセにボールをわたせば、走ってくれる。だからほかの一三人はそれぞれが、自分がすべき仕事を一生懸命にやる。そうしろと教えたわけではないのですが、自然に意思が統一されて、チームとしての一体感が生まれていた」

彼らの言葉を聞いていくと、楕円球をともに追う十代の高校生にとって、言葉や文化の違いはさしたる障害にはならなかったと思えてくる。たくさんの時間をともにして、彼らは留学生たちと言葉や文化の違いをこえ、互いを尊重する関係を築いたのだ。

ホラニとマナセをきっかけに埼工大深谷高に留学したトンガ人は、ホラニの弟であるホラニ龍シオアペラトゥーや、日本代表としてもプレーしたカトニ・オツコロ、クリスチャン・ロアマヌら一五人。

ホームシックになり、卒業を待たずに帰国した留学生もいたが、「コリーとマナセががんばってくれたからこそ、トンガ人の先輩が後輩の面倒を見るいい流れができていた」と松本の目には映っていた。

だが、批判もあったと松本は指摘する。

「留学生に対する反発は少なくなかった。いつもヒールとして叩かれていました。トンガ人留学生はハイタックルすら見逃されるケースもあったんです」

ハイタックルとは、相手の肩よりも上へタックルする反則だ。一つ間違えば、大ケガにつながる危険なプレーである。

それは、ニュージーランドからの留学生がプレーするようになってから不利な笛が増えたと語った仙台育英高ＯＢの佐藤晋平の指摘とも重なる。当時、留学生を起用する高校は、仙台育英高と埼工大深谷高だけ。

スポーツ留学生に付きまとう「勝利至上主義」に対する反感からくる依怙贔屓《えこひいき》なのだろうか。あるいは、能力が高くサイズが大きい留学生が、日本人選手をなぎ倒していくシーンに直感的な反発を抱くレフリーやファンもいたのかもしれない。

そうした人たちにしてみれば、日本人ならではの判官贔屓のつもりだったのだろう。けれど、弱者という点では、トンガ人留学生は日本のなかの圧倒的なマイノリティである。仙台育英高のケースでも感じたが、文化も環境も異なる地で新しい生活をスタートさせた十代の留学生に対して、大人げない態度だ。

そんな視線を留学生たちも感じ取り、気を遣っていた。

松本によれば、埼工大深谷高の留学生のなかには「印象が悪くなるから」と相手ディフェンスを手のひらで突き飛ばすハンドオフを封印した選手もいた。批判を避けるために、力の差が露骨に見えるプレーをあえて控えていたのである。

花園を目指す。

はじめて聞いたホラニは、埼玉県深谷市にある関越自動車道の花園インターに、何しに行くんだろう、と不思議に思った。

だが、やがてホラニにとっても花園は特別な場所になっていた。

彼の口調がそれを物語る。たとえば、準優勝を果たした二回目の花園について、まるで昨日のことのように話すのである。

「初戦の都城高戦で右肩を脱臼したんです。で、次の試合に出られなかったんですが、準々決勝の大阪工大高戦には監督に『出させてください』とお願いしました。肩をがちがちにテーピングで固めて……。大阪工大高戦には絶対に出たかった」

前年の花園で、埼工大深谷高は三回戦で大阪工大高に敗れていた。現在、大阪工大高は、常翔学園高校と名前を変えたが、花園優勝五回をほこる名門中の名門である。

「一年生のときにはじめて、日本の高校生にとって花園が特別な大会だと知りました。一列に並んで行進するなんて、トンガでは考えられない。三年生の先輩たちも高校最後の大会だからとても気合いが入っていた。大阪工大高戦の前、先輩たちが『次はダイコーかよ、やばいじゃん』と話していた。ぼくは『え、何がヤバいの？』と思った。ダイコーについても何も知らなかったんです。でも実際に対戦したら三年生に、高校日本代表の本多（貴）と赤井（大介）がいて、めちゃくちゃ強かった。とても悔しかったんです」

埼工大深谷高は前年のリベンジを果たし、次は花園優勝五回の國學院久我山高とぶつかる。その試合もホラニは詳細に記憶している。

「前半五分か六分で、トライを三本とられた。『やべえぞ』と。でもそこから盛り返して、逆転で決勝進出です。あれも本当にうれしかったな」

もちろん母との約束を守り、勉強もしたが、花園を目指し、ラグビー漬けの日々を送った。授業を受け、練習して寮に帰ってシャワーを浴び、夕食を食べて寝る。そして週末は合宿。たまの休みは疲れ切って、眠るだけ。その繰り返しの毎日である。いまもホラニには、苦しい練習に耐えられたのは、花園で勝つという目標があったからだと思えるのだ。

ホラニとマナセが加わった埼工大深谷高は、三年間で三度、花園に出場する。戦績もめざましい。一年目に三回戦に進出すると翌年に準優勝、三年目にベスト4。

こう書くと、留学生頼りのチームに思えるかもしれない。だが留学生が二人加わっただけで勝ち抜けるほど、花園は甘くない。現に留学生を起用し、優勝したチームは一つもない。

当時の埼工大深谷高は日本人のタレントも揃っていた。

トップリーグで活躍したチームメイトは片岡をはじめ、リコーブラックラムズ（現リコーブラックラムズ東京）の神尾卓志、一学年下には日本代表にもなったサントリーサンゴリアスの篠塚公史、同じくサントリーサンゴリアスの野村直矢らがいた。決して、留学生頼みのチームではなかったのだ。

やがて日本代表になくてはならない存在に成長するホラニだが、大学時代に話が及ぶと「ぼくのラグビー人生は終わったと思っていたんですよ」と漏らした。

高校卒業後、仲間たちが強豪大学に進むなか、ホラニとマナセは系列校で、関東大学リーグ戦三部の埼工大に進学する。

「高校では本気のラグビーでしたが、大学は趣味といえばいいか、部活動というより愛好会のようでした。ぼくとマナセ君だけじゃ勝てなかった。ぼくらが止められると打つ手がなかったんです」

ホラニは、ラグビーは一五人でするスポーツだと実感する。一五人がそれぞれの役割を果たし、チームがはじめて有機的に動き出すラグビーの本質を、身を以て知ったのだ。

高校時代は、将来は日本代表に、と素直に思えた。だが、リーグ戦二部や三部の試合はトップリーグのリクルーターや代表の選考にたずさわる関係者が足を運ぶ機会もまれだ。

もしかしたらラグビーは大学までかもしれない。だとしたら日本の企業で働くために勉強に力を入れるしかない。工学部情報工学科でパソコンについて学んだホラニは、日本のＩＴ企業に就職しようと考えた。卒業研究のテーマは「熱伝導率」。担当教官が大学院進学を勧めるほど優秀な成績をおさめる。

「大学が弱かった分、きちんと勉強できたのは運がよかったかもしれない。お母さんとの約束も守れましたから」

その言葉には〝いま思えば〟と前置きが付くに違いない。

埼工大で過ごした五年間は、ラグビーエリートとは一線を画す経験だった。

飛躍の前には深くかがむ必要があるとしばしば語られる。ホラニにとって、勉学に打ち込んだ五年間は、跳躍の前の助走期間でもあった。

一時はラグビーを諦めかけたホラニだったが、卒業後の二〇〇六年四月、伯父も所属した三洋電機ラグビー部に練習生として入部が許される。

プロ契約を結ぶまでは、早朝にウェートトレーニングなどを行って、午前八時に三洋電機の工場に出向く。そして機器のメンテナンスや部品交換を手がけ、一五時から全体練習に参加する……。

大学時代の練習では、チームメイトがケガしないよう手加減してきたが、三洋電機のグラウンドでは、どんなに思い切りプレーしても軽くあしらわれてしまう。一緒に練習するのは、日本代表選手や海外の有名プロ選手。コンタクトの強さやスピードがまったく違う。小柄なウイングの選手にも、かちあげられる（タックルと同時に担ぎ上げられる）始末……。だが、不思議と挫折感はなかった。

「大学時代を思えば、どれほど恵まれた環境に自分がいるか分かりますから。もしも強豪大学に入ってチヤホヤされていたら、社会人になってまでストイックにラグビーに取り組んだかどうかは分かりません。天狗になって、中途半端で終わってしまったんじゃないかな」

高校時代、花園を賑《にぎ》わせて、鳴り物入りで強豪大学に入ったものの、鳴かず飛ばずの選手は確かにいる。

ホラニが三洋電機に入社して強く感じたのは、再び日本代表を目指せる環境に身を置き、ラグビーを続けられる喜びだった。

レベルの違いをまざまざと見せつけられながらも、ホラニは確信していた。高校時代みたいに、必死こいて努力すれば、なんとかなるはずだ、と。

深谷に溶け込んだトンガ人留学生

ホラニが一つの決断をしたのは、入社の翌年だった。

帰化である。トップリーグには外国人選手が出場できる枠がある。チームには海外の有名選手がたくさん所属していた。大学時代、関東リーグ戦二部が主戦場だったホラニは実績で劣る。外国人である限り、出場機会は限られてしまう。

帰化の相談を受けたのが、ホラニが「日本のお父さん」と慕う小林保則である。

深谷駅で迎えてくれた小林は、自身もラグビーをやっていそうな体格のいい男性だった。一九六一年生まれの五八歳。年齢的にも、ホラニの父親世代である。

「私は熊谷工業出身で、森先生（埼工大深谷高ラグビー部元監督）の教え子だったんです。バレー部だったんですけど、森先生の授業がラグビーでね。それでラグビーが好きになった」

運転席でハンドルを握る小林は問わず語りにホラニについて話してくれた。

「深谷には外国人なんてほとんどいなかったから、身体の大きなコリーとマナセが歩いていたら、町の人は、はじめはなんだろうと感じたと思いますよ。でも、最初にきたのが、コリーだったから、うまくいったのかもしれない。コリーは高校時代から『日本の文化を学んで、自分が日本で暮らす意義を見つけたい』なんて話していました。本当に真面目で律儀なヤツでね、いまも毎年正月に奥さんや子どもたちを連れて遊びにきてくれるんです」

深谷の人たちは、トンガからの留学生を温かく迎え入れた。詰め襟姿の留学生を見かけた弁当屋が、倍の量の唐揚げが入った弁当をよくわたしていたらしい。スポーツショップのイベントを手伝ったり、町内会の綱引き大会に出場したりした留学生もいた。

小林が案内してくれたのは、自動車で一〇分ほどの自宅の敷地内に建つ「由心館」。建設会社を経営する小林が自ら手がけた建物である。

室内に設《しつら》えられたバーカウンターと分厚い天板のテーブルに強い思い入れが感じられる。

目を引くのは、壁に飾られた日本代表や、トップリーグのクラブで活躍した埼工大深谷高のOBたちにまつわる品々である。埼工大深谷高の花園出場記念パネル、サントリーの篠塚や野村が着たジャージ、ノフォムリが着用した日本代表とトンガ代表の公式ブレザーもあった。

小林は、壁に飾られた、たくさんのラグビージャージのなかから一枚を指さした。

「これが前回（二〇一五年）のW杯でコリーが着ていたジャージ。で、こちらが二〇〇八年のサモア戦で着たジャージですね」

小林とホラニとの出会いから二〇年以上が過ぎている。

はじめて顔を合わせたのは、一九九八年の年末。花園に向かう埼工大深谷高ラグビー部の激励会だった。翌一九九九年四月には小林の長男である由展も埼工大深谷高に入学し、ラグビーをはじめる。以来、小林は息子同様に留学生に接してきた。

「地元の深谷まつりでは、毎年この地区の山車《だし》をコリーたちに引いてもらっていたんです」

小林が開いたアルバムには、ねじりはちまきに法被を着た浅黒い肌をした大柄な青年たちの写真がおさめられていた。

「コリー、マナセ、シオアペ（ホラニ龍シオアペラトゥー）、カトニ、マアケ（マアケ・タウファ）……。みんな身体は大きいけど、まだ子どもでね、本当にかわいかったんですよ。ラグビーの選手は、チームメイトのためにプレーするでしょう。ワンフォーオール・オールフォーワンでね。それは親も一緒。みんな自分の子と同じです」

　腹が減っているだろうと留学生を焼き肉の食べ放題に連れ出したり、大学生になるとトンガへ仕送りができるように、と建築現場でともに汗を流し、アルバイト代を渡したりした。

「背も大きいし、パワーもあるから家の解体の現場では本当に戦力になりました。最初は文化の違いか、二〇分、三〇分遅刻してくることもあった。でも、日本は時間厳守の社会でしょう。『時間を守らないと友だちができないよ』と口を酸っぱくして注意しました。そのうち、コリーたちが、約束やルールを破った後輩の留学生に対して『目上の人との約束を破ったら、日本では暮らしていけないぞ』と怒るようになってね。本当にいい関係が築けたんです」

　アルバムにはバーベキューの写真も貼られていた。

　ある日、大学生になったホラニたちが料理をごちそうしたいと小林家にやってきた。トンガで目上の人に饗する料理だという。小林はどんな料理かと思って、調理を見守った。

「それが子豚の丸焼き。マンガみたいに口から肛門に棒を通し、たき火で長時間いぶすように焼くんですよ」と小林は懐かしそうにアルバムをめくる。

小林家ではかつてニワトリを飼っていた。年をとって卵を産まなくなったニワトリをつぶしてトンガ人留学生に振る舞った。

留学生たちは鳴く間もあたえず、ニワトリを上手にしめた。そして腹を割かず、肛門から内臓をすべて取り出す。小林も驚くほどの手際のよさだった。

上手く捌《さば》けないと「お前は家の手伝いをサボったから日本で恥をかくんだ」と留学生同士でからかい合った。もちろん息子の由展をはじめとする日本人選手も一緒である。

小林には、そうした時間を通じて、日本人とトンガ人が一つのチームとして融合していくように見えた。

「由展と一緒に」

しかし小林家を悲劇が襲う。

二〇〇二年八月一一日四時一五分。小林の携帯電話に一本の着信が入る。由展が入学したばかりの立命館大学のラグビー部からだった。

北海道北見市での合宿中、由展が熱中症で倒れたという。三年時の花園で負った膝の負傷で、春はリハビリ中心だったが、シーズンのメンバー入りを想定して夏からはレギュラーメンバーの一員として本格的に練習に参加していた。

やがて熱中症ではなく、スクラムの事故で、脳内で出血が起き、危険な状態だと明らか

まだ出会っていない

志駕 晃

を訪ねる何人もの男女。相談所の社長と女性スタッフの二人は、彼らの「出会い」を手助けできるか!?〈解説〉古川諭香

●946円

50代、足していいもの、引いていいもの

岸本葉子

50代は棚卸しの時期！　老後に向けて減らすもの、はじめるもの。今そしてこれからをスッキリと過ごせるよう入れ替えは続きます。人生の総決算はまだまだ先。

●814円

赤ちゃんポストの真実

森本修代

開設から16年――赤ちゃんポストが日本社会に問いかけた「命」をめぐるノンフィクション。内密出産の現状や第2のポスト開設者への取材など大幅加筆。

●1034円

国境を越えたスクラム

ラグビー日本代表になった外国人選手たち

山川 徹

リーチマイケル、具智元をはじめ、多様なルーツを持つ選手たちはなぜ「日本代表」となることを選んだのか。彼らの熱い思いを辿り、共生の意味を探る。

●1034円

日本医家伝

吉村 昭

●1100円

本の神話学

増補新版

山口昌男

〈中公文庫プレミアム〉

●1320円

トランク

林芙美子大陸小説集

林 芙美子

〈林芙美子生誕120年〉

文庫オリジナル

●990円

ゆめはるか吉屋信子

秋灯《きともし》机の上の幾山河（下）

田辺聖子

全3巻完結

●1430円

関東大震災 文豪たちの証言

石井正己 編

〈大震災100年〉

文庫オリジナル

●990円

になる。医師は保護者を呼ぶように、と話した。

「手術は可能なのか」

小林の問いに対して、かなりの出血でオペができる状態ではないと、厳しい答えが返ってきた。

小林はすぐに北見に向かおうとしたが、お盆の帰省ラッシュに重なり、飛行機も新幹線も空席がない。早く駆けつけたい、息子のそばにいてあげたい……その一心で、航空会社やJRなどの伝手《つて》がある知り合いに片っ端から連絡を取った。

ようやく航空会社に勤務する親戚が新千歳空港行きのチケットを取ってくれた。

二〇時一〇分に羽田空港を発った小林と妻のまゆみは新千歳空港で電車に乗り、札幌駅に向かった。札幌から北見までは約三〇〇キロ。札幌駅の客待ちのタクシーにお願いするが、「遠すぎるから」と運転手たちは首をふる。二三時すぎにやっと何台目かのタクシー運転手が北見に向かってくれた。

病院に到着したのは、翌朝四時。二人を待っていたのは受け入れがたい現実だった。

「もって四、五日ほど……。九九パーセント、回復は難しい、たいへん厳しい容態です」

それでも、二人はICUのなかにいる息子の回復を必死に祈った。

一五日早朝、最愛の長男は一度、痙攣を起こした。

そして午前八時三七分——。意識を取り戻さぬまま帰らぬ人となる。

将来は日本代表に、と嘱望された一九歳の青年とその家族をおそった突然の悲劇だった。一八六センチ、一〇五キロの恵まれた体格と誠実な人柄で、埼工大深谷高ラグビー部をキャプテンとして束ねた。ホラニに似て、黙々と努力し、身体を張ってチームを引っ張るタイプのプレーヤーだった。

「耐えられない現実だった。なにが起きたのか、信じられないというか……受け入れられなくてね」と小林は言葉にできない思いを吐露した。

〈オレたちが由展の分までがんばります〉

篠塚や野村ら大学ラグビーでプレーする同級生たちからも失意の二人を励ますメッセージが届いた。

ホラニたちトンガ人留学生は、毎日小林家を訪れて、夫婦に寄り添ってくれた。月命日には必ず仏壇に手を合わせてくれた。

トンガ人留学生が遊びにきてくれると、悲しみが少しだけ和らいだとまゆみは言う。

「コリーたちが甘えてくれてね。お母さんのご飯が食べたいって……。唐揚げや生姜焼き、海鮮丼……。コリーたちのご飯をつくっているときは少しだけ悲しみを忘れられた気がしました」

京都のアパートを引き払ったのは、亡くなってから半年が過ぎた二〇〇三年二月のこと。

「三月に大学入学で京都に行って半年足らずでしょう。だから亡くなったのが信じられなくてね、まだ京都で暮らしているんじゃないかって……。ずっとそんな気持ちでした。京都のアパートもしばらくそのままにしておいたんです。どうしても片付けられなくて……」

妻の言葉を受けて、小林も続ける。

「建設現場から帰宅する途中にクルマを運転しているときとか、ふとした瞬間に涙があふれてくる。でもコリーたちが毎日のようにそばにいてくれたから元気を取り戻せた。コリーたちはね、お父さんとお母さんにお世話になったと言ってくれますが、私たちが彼らに支えてもらった。本当に感謝しているんですよ」

愛息を喪う。どれほどの喪失感だろうか。子どもがいない私にはとても想像できない。

しかし私たちの両親も高校、大学時代、試合があると聞けば、どこにでも足を運んでくれた。合宿や遠征があれば、食事の準備をしてくれたり、移動のクルマを出したりしてくれた。全国大会出場が決まれば、私たち以上に喜び、負ければ涙を流してくれた。

親が子どもたちに向ける愛情を一身に受けてラグビーを続けてきた。だからこそ、小林の悔しさとやりきれなさを想像しようとすると胸が詰まった。

三洋電機で活躍しはじめたホラニが、相談があると由心館を訪ねてきたのは、五年後のこと。兄弟のような時間を過ごした後輩に線香を上げたホラニは、小林に「帰化するときに由展の名前から一文字もらっていいですか」と切り出した。帰化にともなう改名で

〈龍〉の一字を使わせてもらえないか、と。

青龍由心居士。由展の戒名である。

またリュウは、ふるさとの母の名でもあった。

二〇〇七年、トンガ人コリニアシ・ホラニは、日本人ホラニ龍コリニアシとなった。

彼にとって、はじめてのW杯となった二〇一一年大会。ニュージーランドに旅立つ直前、ホラニが小林のもとにあいさつにきた。

「お父さん、お母さん、由展と一緒にW杯で戦ってきます」

その言葉に小林は、涙があふれて止まらなかった。

コリーが、由展と一緒にグラウンドに立ってくれる。そう考えるだけで、小林の身体は感激で震えた。

由心館の壁の中央に一枚の肖像画が飾られている。詰め襟の学生服を着た短髪の少年が、ラグビーボールを抱えて穏やかな笑みを浮かべている。

肖像画の下の額には、立命館大ラグビー部の黄色と紺の段柄ジャージが納められている。「よっちゃん（由展の愛称）が着るはずだった3番だ」と立命館大の部員たちが寄贈してくれたジャージである。

由展と交流があったラガーマンたちから贈られた品々の一つ一つに、ラグビーを通して心をかよわせた人たちの思いが刻まれているように見えるのだった。

恩返しはラグビーで

兄弟のように過ごした後輩の訃報について、ホラニはこう心境を語る。

「ぼくたちも信じられなかった。ショックを受けましたが、お父さんとお母さんはもっと大きなショックを受けているんだろうなと」

そしてホラニは「由展には素質があった。事故がなければ、日本代表として一緒にプレーできたかもしれない」と呟いた。

「高校時代から小林さんにはお世話になりました。トンガの両親に対する感謝と同じです。その恩を絶対に忘れないように、と。その思いが日本代表として戦う支えです。ファンや家族、そして小林さんたち支えてくれた人……。日本代表はみんなを代表する存在でしょう。責任が重いんです。しかもぼくはトンガではなく、日本のラグビーで育った人間です。日本ラグビーを代表するんだから、恥ずかしいプレーは絶対にできない」

ホラニは胸に〈龍〉の一文字のタトゥーを入れている。彼がさらに右腕にトンガ独特の模様の「タァタウ」を入れたのは、母が亡くなった二〇〇九年のことである。

タトゥーは、ポリネシアで「タァタウ」と呼ばれる。トンガやサモアなどでは伝統的に家系などを意味する「タァタウ」を彫る。日本人にとっての入れ墨やタトゥーとは意味合いが異なるポリネシアの伝統文化である。

一〇月、母がトンガから日本に遊びにきていたが、体調不良を訴えた。すぐに入院したが、一〇日もせずに息を引き取ってしまう。五二歳の突然の死。肝臓ガンだった。ホラニは母への感謝の思いを右腕に「タァタウ」として刻んだのである。

また左の上腕に〈大和魂〉のタトゥーが見える。

〈大和魂〉はどんな意図で彫ったのか。

「トンガで暮らしていたとき、戦争中に日本人が飛行機で船に突っ込んで沈めた話は聞いていたんです。大学時代、歴史の授業でその背景を詳しく知りました。本音では死にたくないと思った人もいたかもしれない。でも、家族や国を守るためには自分の命と引き替えに船を沈めるしかなかった。そのマインドは真似できることじゃないな、と」

言葉を選び、慎重に話すホラニは「ラグビーをプレーする前提として……」と続ける。

「チームのために、身体を張れない人はグラウンドに立つ資格はない。そこに国籍は関係ありません。身体を張る勇気を持てなければ、試合に出られない仲間にも、チームメイトにも、対戦相手にも、支えてくれた人たちにも、応援してくれるファンにも失礼だと思うんです」

私は、若者が抗《あらが》えない命令によって犠牲になった特攻を賛美するつもりはもちろんない。だが、ホラニの指摘のように、ラグビーは自己犠牲を求められるスポーツでもある。

日本とは何か。ラグビーとはどんなスポーツなのか。

〈大和魂〉が、ホラニなりに行き着いた答えなのかもしれない。彼は〈大和魂〉に、仲間やお世話になった人たちの思いを託したのだ。

ホラニが重ねた日本代表キャップは四五。日本代表となった数多のトンガ出身選手のなかでは歴代最多の数である。伯父ノフォムリのキャップ数一五を大きく上まわる。二〇一五年W杯で三勝をあげる快挙の立役者の一人にもなった。

「ラグビーをやるならオレをこえろ」

伯父の言葉に背中をおされて、来日してから二一年の歳月が流れている。

二〇一九年四月、ホラニはジャージを脱ぐ決意を固めた。いま、パナソニックワイルドナイツのコーチとして、後進の指導にあたっている。

日本代表としてグラウンドに立つホラニの思いに重なったのは、二〇一四年秋に聞いたリーチマイケルの言葉である。

母国ニュージーランド、そして母の出身国であるフィジーの代表になる資格を有していたリーチが口にした日本代表への思いが印象的だった。

「高校二年生の時に、ニュージーランドの実家が火事になってしまったんです。心配していると、実家からメールが届きました。ぼくには何も言わず、高校の監督が北海道のラグビー関係者の方たちに声をかけて集めた義援金を実家に送ってくれていたんです。本当にありがたかった。高校でも大学でもたくさんの人のお世話になった。その恩はラグビーで返すしかない。何があっても、日本以外の国の代表になるわけにはいかないと思いました」

ホラニにしても、リーチにしても、日本を代表してグラウンドに立つ。

彼らが代表する日本とは、国とはなんだろうか。国と書くと、いかにも漠然としている。ホラニたちの話を聞いて浮かんでくるのは、高校時代に出会った恩人や恩師、チームメイトたちの顔だ。当然だが、国を構成するのは国民である。

日本代表としてプレーする海外出身選手のモチベーションの原点には、日本で知り合った互いに信頼し合う人たちがいる。

そこで、日本人と外国人をカテゴライズするのは無意味なのかもしれない。

日本で、人間同士の出会いがあった。

そんな一つの邂逅から波紋が広がるように、彼らにとっての日本が形作られていくのではないか。偶然の出会いが幸せだったからこそ、彼らは日本代表を選んだのではないかと感じるのである。

第７章　日本代表を憧れのチームに

2015年W杯米国戦でのトンプソン（読売新聞社提供）

トンプソンが語るジャパン

柔らかな陽射しのおかげで、寒さはさほど感じなかった。

二〇一八年一二月二三日、埼玉県の熊谷スポーツ文化公園ラグビー場の観客席で、私は選手たちの登場を待っていた。シーズン当初は緑色だった芝生が、スパイクで踏みしめられて茶色に変わってしまっていた。

シーズンは大詰めを迎えていた。トップリーグ昇格をかけて日野レッドドルフィンズに挑む近鉄ライナーズ（現花園近鉄ライナーズ）にとっては今シーズンのラストゲームである。

スカイブルーを基調にしたジャージの近鉄の選手と、赤いジャージを着た日野の選手が次々とグラウンドに入ってくる。

スカイブルーの4番を背負ったプレーヤーが姿を見せたとたん、観客席のあちこちから歓声が上がる。

「トモ、がんばれ！」

「トモ！」

敵方である日野のファンが陣取るエリアからも「トモさん!!」と声が上がる。

「トモさん」が、いかに日本のラグビーファンから愛されているか。スタジアムの歓声が示していた。

トモさんことトンプソンルークは、日本代表のロックとして、一〇年近くフォワードの核となったプレーヤーである。二〇〇七年、二〇一一年、二〇一五年の三度のW杯に出場。一九六センチ、一一〇キロのサイズを活かし、キックオフ、ラインアウトの空中戦を支え、ボールを持てば敵フォワードに身体をぶつけ、アタックの起点となる……。日本代表での彼のプレーは、いつも変わらなかった。

いつしか、トンプソンルークの名が日本代表のメンバー表に並ぶのが、あたり前になっていた。積み重ねたキャップは、海外出身選手としては最多となる六四。日本人選手を合わせても歴代六位の数である。

トンプソンルーク

日野戦の一週間前、東大阪市花園ラグビー場のクラブハウスで、私は彼に話を聞いていた。海外出身選手が日本を代表する意味について問うと、関西弁と英単語を交えてこう答えた。

「日本代表は、私のライフのハイライトでした。日本はめっちゃいい国です。とくに大阪が大好き。好きな町に暮らし、その国を代表して戦う。そこがラグビーのいいところですね」

一九八一年生まれのトンプソンは「ぼくはカントリーボーイだから」と来歴を振り返る。ニュージーランドのクライストチャーチ北部にあるカイアボイ出身。カンタベリー州代表の名選手だった父は、牧場を営んでいた。

一三歳からラグビーを本格的にはじめたトンプソンは、リンカーン大学時代に念願のカンタベリー州代表に選出される。当時はロックとフランカーを兼務した。だが、一九六センチの長身もラグビー強国では強みになりえなかった。

「ニュージーランドのトップレベルでは、ロックでは小さ過ぎる。フランカーではスピードがなさ過ぎた」と苦笑いする。

三洋電機に誘われて日本の土を踏んだのは、二〇〇四年のことである。

「ニュージーランドでは道路工事の会社でアルバイトをしながらプレーしていました。でも日本では、プロのプレーヤーとして、フルタイムで大好きなラグビーができる。それが、ぼくにとってライフイズグッドでした」

当初は、一、二年プレーして帰国し、子どものころからの目標だったオールブラックスを目指そうと考えていた。だが、三洋電機で二年間の契約が切れたあと、花園ラグビー場をホームグラウンドにする近鉄に声をかけられて、移籍を決意する。日本に残ろうと思ったのは「オンフィールドだけでなく、オフフィールドが面白かった」からだ。

「若いときはラグビーだけに集中していたけど、日本にきてから生活や文化が面白いと思った。日本で一番好きになったのは、尊敬。若い人は年上の先輩を尊敬する。でも、日本人が尊敬するのは人だけじゃないでしょう。日本人は、食事にも尊敬する。そういう日本文化がぼくはとてもいいなと思いました」

食に対する尊敬とは、食材となる動植物に感謝する日本人ならではの精神性だろう。

トンプソンが日本代表を意識したきっかけは、ニュージーランド時代からの友人で、三洋電機でプレーしたフィリップ・オライリーの一言である。

「トモ、二〇〇七年のW杯、ジャパンで出たいな」

すでにオライリーは、日本代表のジャージを手にしていた。

トンプソンは同胞の言葉に「そういう選択肢もあるのか」と感じた。

もちろん彼にとっても、W杯は憧れの特別な大会だった。だが、だからこそ、自分がW杯に出場するなんて想像もしていなかったのだ。

ちょうどそんな時期、日本代表のヘッドコーチだったジョン・カーワンから「ジャパンでプレーしてみないか」と声をかけられる。

「ジャパンでプレーするオライリーを見て、いいなと思ったんです。父に相談したら、面白いチャレンジじゃないか、と応援してくれた」

そう話した彼は「リアリティでは……」とつないだ。本音では、という意味だろうか。

「簡単な選択じゃなかった。三年は人生では短いですが、ラグビープレーヤーとしてはとても長い。長い三年間をぼくは日本で過ごした。それからニュージーランドにもどって、日本とは違うスタイルのラグビーにフィットできるか、また一から実績を積んでいけるのか、不安もありました」

初出場となった二〇〇七年W杯の時点でトンプソンは二六歳。二十代前半からのラグビー選手として伸び盛りの時期を日本で過ごしたのである。そして自身としては二回目のW杯前の二〇一〇年に日本国籍を取得し、一〇年にわたって日本代表のフォワードを支えた。その間に、三人の子どもにも恵まれた。

「ぼくはニュージーランド出身で、ニュージーランドも大好きです。でも、日本の生活が長くなった。だから日本代表としてプレーするからには、日本人として戦いたかった。いま世界は狭くなったでしょう。様々な国に、様々な文化がある。ぼくの子どもたちはみんな日本文化で育った。日本はぼくだけの問題じゃなくて、家族のライフにもなったんですね」

三八歳のおじいちゃん

トンプソンが引退し、ニュージーランドに帰国するというウワサを聞いていた。どのような将来を描いているのか。

「ぼくは来年の四月で三八歳のおじいちゃんだけど、いまは日野戦だけに集中しています。ラグビーがめっちゃ好きだから」と両手で視界を狭める仕草をして「集中、集中ですね」とくり返した。

年齢に触れた物言いが気になった。

引退のウワサは本当なのではないか。W杯三大会に出場し、勝てなかった時代を支え、躍進の推進力になったトンプソンも、ついに……。現役のうちに、話を聞けてよかったと私は少しだけセンチメンタルな気持ちで、花園をあとにしたのだった。

それが一週間前の話である。

熊谷ラグビー場のスクリーンにトンプソンが映し出された。献身的なプレーを物語るように、頭に巻いたバンデージはほつれて、頬には血が滲んでいた。

日野戦でもトンプソンのパフォーマンスはいつもと変わらなかった。攻撃の起点をつくるべく、何度も何度も相手のタックルに耐え、空中でボールを奪い合う。

だが、決定機を逃した近鉄は、リードを許したまま前半を折り返す。後半も攻め続けるが、ノーサイドのホイッスルが響いた。一一対二一。近鉄は目標だったトップリーグ昇格を逃してしまう。

これで見納めかもしれないな……。私は試合後、観客席の前で応援するファンに頭を下げるトンプソンの姿を感慨深く見守っていた。

私の勝手な感傷を吹き飛ばすニュースが入ったのが、一ヵ月半後の二月五日。トンプソンのサンウルブズ追加招集の報だった。

サンウルブズは、日本代表の強化を目指し、海外のプロ選手と日本代表選手を中心に編成されたクラブである。二〇一六年シーズンからニュージーランド、オーストラリア、南アフリカなどの強豪チームが争う世界最高峰リーグのスーパーラグビーに参戦。スーパーラグビーからは二〇二〇年で除外されるが、私もラグビーファンの一人として、毎年数試合、秩父宮ラグビー場の観客席で、サンウルブズを応援してきた。

トンプソンのスーパーラグビー参戦で思い出したのが、二〇一七年六月に行われたアイルランド代表とのテストマッチである。

アイルランド代表とは、W杯日本大会でも対戦が決まっている。W杯の前哨戦ともいえる重要なゲームだった。ヘッドコーチのジェイミー・ジョセフは、二〇一五年W杯以来、ジャパンから遠ざかっているトンプソンを招集した。

なんで、三六歳のトンプソンを……。二年後のW杯を見据え、若手を試すべきではないのか。私は指揮官の用兵を批判的に見ていた。だが自分の浅薄さとトンプソンの偉大さを思い知る。

第二戦に先発したトンプソンはすごかった。

キックオフ早々、相手選手に強烈なタックルを見舞って、ボールを奪い返したかと思うとその後もタックル、タックル、タックル……。日本代表のタックルの半分くらいがトンプソンなのではないかと見紛う活躍。

翌日のニュースによれば、トンプソンのタックル成功数は二四。両チームトップの数字だった。一三対三五で負けたのだが、三六歳になったトンプソンのプレーに私は驚喜し、はじめて理解したのである。彼を並の選手と一緒にしない方がいい、と。

だからトンプソンのサンウルブズ参戦を知ったとき、私は、三八歳のおじいちゃんのタックルが、W杯日本大会で日本代表を勝利に導くシーンを密かに思い描いたのであった。

韓国では敵なし

ラッキーだったのは、トンプソンを見るために足を運んだ試合に、もう一人の海外出身選手が出場していたことである。彼にもぜひ話を聞いてみたいと考えていた。しかも、そのゲームが彼の引退試合となった。

金喆元《キムチョルウォン》。戦後、韓国出身者としては、はじめて日本代表となった選手だ。彼がどんな思いを抱いて日本代表のジャージを着たのか、知りたかったのである。

彼がピッチに立ったのは、三対一九で迎えた後半五分のことだった。スクラムハーフとして、21番を背負ったプレーヤーが入ると、近鉄ライナーズ応援団から「キム、頼むぞ!!」と野太い声が上がった。

金が投入されると停滞していた近鉄のアタックが活性化した。ボールが動くテンポとスピードが上がり、選手たちが前半よりも自由に動き出したのである。フォワードに対して、きびきびとした仕草で指示を出す姿が、彼の勝ち気な性格をあらわしているかのようだった。

熊谷での試合から一ヵ月後の二〇一九年一月下旬、私は花園ラグビー場を再訪した。

「みんなすごすぎて、ぼくなんか……」

アンドリュー・マコーミック、ホラニ龍コリニアシ、トンプソンルーク……。それまでに話を聞いた選手たちの名をあげると金は謙遜したが、勝ち気なプレースタイルを地で行くように、どんな質問に対しても、ざっくばらんに答える裏表がない真っ直ぐな人物だった。

たとえば、熊谷でのゲームについて、こんな感想を語った。

「ゲームの流れをなんとか変えたかったのですが……。チーム状況が悪かったですね。最近は、プレーがガイジン頼りになってしまっている。日本のチームなんだから日本人がもっと前に出ないとチーム力が上がらない」

金さんも海外出身では、と思わず聞き返すと彼はいたずらっぽい笑みをこぼした。

「ぼくにとってのガイジンってニュージーランドやオーストラリア、トンガの選手のこと。

ぼくのレベルでは、日本人選手と変わらないですよ。最近は韓国人であることをたまに忘れてしまうくらいですから」

一九八四年、金は韓国南西部の全羅北道で生まれた。スポーツ好きな少年だった。家庭の事情で親戚の家から通った江新中学校には、やんちゃな生徒たちがたくさんいた。なかでもラグビー部には、とくに札付きの生徒が集まっていた。

「ぼくはそんなにやんちゃな方じゃなかったけど、勉強が好きじゃなかった。それを見ていた先生に『勉強ができんのやったらラグビーやってみんか』と誘われたんです」

金喆元

江新中学ではラグビーをがんばった生徒が強豪高校、そして大学に進む流れができていた。金もソウルの名門養正高校に進学する。在籍した三年間で韓国に敵なし。ほぼ全勝だった。しかしラグビー部がある高校は韓国全土で二〇校程度だ。

日本のラグビー人口は約一八万人と言われるが、韓国は千数百人。大学や社会人も数チームが活動しているに過ぎない。

そんな金は、ラグビー観が変わる風景に出

合う。

夏、長野県の菅平高原では、日本中のラグビーチームが合宿を行う。一〇〇面以上グラウンドがあり、毎日毎日朝から陽が暮れるまで、試合が行われている。当時、養正高校も菅平に遠征し、日本の高校と練習試合を組んでいた。一年生だった金も遠征に同行する。

一五歳の金にとって、菅平は衝撃だった。日本では、こんなにたくさんの人がラグビーをしているのか……。しかも練習試合なのに、観客が多い。いいプレーをした選手には、日韓の区別なく、賞賛の声援が送られた。

「ニュー世界……」

金は両手を大きく広げ、二〇年前の衝撃を表現した。

「ぼくにとっては新しい世界が広がった瞬間でした」

日本ラグビーに魅せられて

もう一つの衝撃は日本から届いたビデオである。

金たちは、時間があると養正高と交流があった奈良県の天理高校から送られてきた日本ラグビーのビデオを見ていた。そのなかの一人の選手のプレーに目を奪われる。

明治大、サントリー、そして日本代表でスクラムハーフをつとめた永友洋司。現在、GM（ゼネラルマネージャー）として、キヤノンイーグルス（現横浜キヤノンイーグルス）を運営する立場にある。

私が記憶するのは、永友のスピードだ。モールやラックなどの密集サイドから、相手の隙をついて一気に駆け抜ける。小柄な永友が巨漢フォワードを翻弄《ほんろう》するシーンに、ラグビーの醍醐味を見た気がしたのである。

私は派手で分かりやすいプレーに惹きつけられていたのだが、金の見方は少し違った。

「あのサイドアタックもさることながら、ぼくがすごいと思ったのが、人を活かすプレーです。自分が活きるだけのサイドアタックならほかのスクラムハーフでもできる。でも永友さんは違った。自分が抜けて終わりじゃない。仕掛けたあと、有利な状況をつくり出して、味方を活かす。その判断力とパスのタイミング……。韓国にはないプレーだな、と」

私も韓国の大学ラグビーを観戦した経験がある。

率直な印象を言えば、フィジカルに頼った大味なラグビーだった。だが、ラグビーに不可欠な気迫も充実し、サイズも大きい。何かきっかけがあれば、一気に変わるポテンシャルを秘めているように感じた。

金には、フィジカルにこだわる韓国ラグビーに比べ、日本ラグビーは常に新しいことを模索しているように見えた。それは、彼が親しんできたスクラムハーフならではの視点があったからだろう。

「日本ラグビーはフィジカルに頼らずに、つなぎに活路を見出そうとしていた。楽しそうなラグビーだなと純粋に魅力を感じたんです」

日本への留学の話が持ち上がったのは、そんな時期である。

菅平で金のプレーに目を止めた三重県の朝明《あさけ》高校の関係者が、やはり三重県を本拠地にする本田技研鈴鹿（現三重ホンダヒート）でプレーした元韓国代表の具東春《グドンチュン》を通し、留学の話を持ち込んだのである。

しかし、と金は当時の不安を吐露する。

「いざ話が進むと迷いました。家庭の経済状況が心配だったんです」

父と別居状態が続いていた。料理店を営む母が女手一つで、身体の弱い姉と金を育ててくれていたのだ。

家族を守るために母国に残るか。夢を叶えるために来日するか。

悩む一七歳を養正高の監督は、ラグビーを通した日韓交流のチャンスだ、と背中を押した。母も心配はいらないから、と息子を送り出す。

二〇〇一年秋、韓国で高校三年生だった金は、他校の韓国人生徒三人とともに朝明高校に編入する。

トンプソン流に言えば、金にとってオフフィールドはまったく問題なかった。

言葉には苦労したが、日本語は朝明高の教師や近隣の在日コリアンが教えてくれた。食事も韓国と大差ない。小皿がたくさん並ぶ韓国に比べて、日本のおかずは少ない。当初、ご飯とおかずをどんなバランスで食べ進めるか分からなかったが、問題はそのくらいだったと笑う。

では、体育会系独特の上下関係はどうだろうか。

「いえ、それもぜんぜん」と金はさらりと言う。

「楽でした。上下関係は韓国の方が厳しい。養正高の寮では、下級生は上級生の食事をつくったり、洗濯をしたりするのがあたり前だった。しごきも毎日ありましたから」

問題はオンフィールドである。

いまでこそ、朝明高は花園常連校だが、強化をスタートしたばかりの時期だった。紅白戦を行うと、韓国人留学生四人を加えた控えチームは、レギュラーチームに圧勝できた。四人のうちの一人がボールを持つとすぐに独走トライができるほどレベルの差があった。

それでも留学生を中心にした朝明高は、三重県の花園予選決勝まで勝ち残る。決勝の相手は、のちに日本代表となる今村雄太を擁する花園常連の四日市農芸高校。

「四日市農芸はめちゃくちゃ強かった。歴代の四日市農芸のなかで、一番メンバーが揃った代だったんじゃないかと思います。高校ジャパンクラスが三人もいた。なかでもイマム(今村の愛称)は別格でした」

この年の花園でベスト16に残った四日市農芸高の壁に朝明高初の花園出場はならなかった。しかし朝明高で過ごした一年半のなかで、金の人生を決定付ける出来事があった。

特待生として学費は免除されていたが、寮費や食費が母の仕送りから賄われていると知ったのは、留学後しばらくしてからだ。額は月に一〇万円ほど。母は息子の夢のために、と何も言わずに仕送りをしてくれたのである。金は、実家にそんな余裕があるはずがないのは分かっていた。これ以上、母にムリをさせられない。

「韓国に帰ってお母さんのために働きます」

金に打ち明けられた朝明高のコーチは、こう諭した。

「いまだけを見るな、将来を見ろ。もしも帰ってしまったら、いままでのお母さんの苦労も報われない。いつかお前がラグビーで稼いで、恩返しをすればいい」

金は、思った。オレにはもうラグビーしかない。日本におかんを呼び寄せられるくらい社会人ラグビーで活躍しよう、と。

やるならジャパンで

韓国と日本。どちらの代表になるか。

現実にその選択を突き付けられたのは大阪体育大学時代である。

韓国代表のオファーが届いたのだ。

赤と白の日本代表ジャージ。

白をベースにした赤と青の段柄の韓国代表ジャージ。

どちらのジャージを着たいのか。金は自分に素直に問いかけた。答えはすぐに出た。やるならジャパンで。迷いはなかった。

「日本代表を目指しますと断りました。もともと日本のラグビーに憧れて留学したわけですし、高校時代の件があり、日本の社会人で活躍することしか頭にありませんでしたから」

けれども――。「好きな町に暮らし、その国を代表して戦う」と語ったニュージーランド出身のトンプソンとは立場が違うのではないか。一九六センチの長身でも強みになりえないニュージーランドとは違って、競技人口二〇〇〇人に満たない韓国である。

金は韓国代表の中心になるべき人材だったはずだ。韓国の反応はどうだったのか。

「母も、高校の監督も、チームメイトも日本ラグビーに憧れ、ジャパンのジャージを着たいとがんばってきたぼくの考えを尊重し、喜んでくれた。大阪弁で言えば『なんでやねん』って感じで、突っ込んできた友だちもいましたが、あくまでも冗談半分。時代なんでしょうね。『国のためにどうこう』『お前、国を捨てるんか』なんて反応はなかった。逆に日本は、韓国人が代表になれるんだから『素晴らしい国やな』『よかったな』と祝福してくれましたよ」

日本代表に選ばれたのは、二〇〇七年。大学を卒業し、近鉄ライナーズのメンバーになり、一年目のことだった。

当時、日本ラグビー協会は有望な若手選手を強豪国に派遣するプロジェクトを行っていた。その第一期生に選ばれた金は、オーストラリアのクラブでプレーしていた。

第六回W杯フランス大会を一カ月後に控えた七月下旬。スクラムハーフの選手の負傷を受け、金が急遽代表に招集される。

あまりに急過ぎて「え、オレ？」と実感がないまま合宿に参加する。

「大学時代も代表を目指して、努力してきた。だから呼んでもらえるだけで本当にうれしかった。ホンマに、あっという間にぽんぽんぽーんって感じで、フランスに行って……」

二〇〇七年W杯で、金は第三戦のウェールズ戦と、第四戦のカナダ戦に途中出場を果たす。ウェールズ戦は大差で敗れたが、カナダ戦はロスタイムでの引き分け。このゲームでW杯の連敗を一五で止める。

まだ日本ラグビーは長い低迷期にあった。

だが、私にとって、金は、ラグビーの魅力と日本ラグビーの将来を感じさせる存在だった。二三歳でのW杯初出場。そして二つのキャップを獲得。これから日本代表の主力になると思ったのである。

しかもそれまで主流だったトンガやニュージーランドではなく、韓国出身の選手がジャパンを選んだ事実に、驚きと面白さを感じていた。

また二〇〇七年W杯には、金やトンプソンを含めた八人の海外出身選手以外にも、面白い来歴のプレーヤーが名を連ねていた。

スタンドオフの小野晃征である。一九八七年生まれの小野は両親とともに三歳でニュージーランドに移住し、U19カンタベリー州代表経験を持つプレーヤーだ。二〇〇七年に帰国後、すぐに代表に招集される。そして二〇一五年W杯で、日本代表の快進撃を支えた一人となる。

小野や金が名を連ねた二〇〇七年W杯の日本代表が、私にはボーダレス化を迎えた時代の新たな日本ラグビーの胎動のように思えたのだ。

韓国ラグビーを変えたい

金の引退が発表されたのは、二〇一九年一月末。結果としては二〇〇七年W杯以降、彼が桜のジャージに袖を通す機会はなかった。そして熊谷ラグビー場での日野戦が彼の現役最後のゲームとなった。

将来を嘱望された二三歳は、なぜ代表に定着できなかったのだろうか。

金は二〇〇七年W杯後、日本国籍を取得する。日本代表としてプレーしていく。本人もそう考えていた。

「なんで、と言われても明確な答えはないのですが……。もちろん実力の問題もあったでしょう。努力もして、トップリーグでは満足いくパフォーマンスを続け、日本代表の合宿には呼ばれても、試合では使ってもらえない。ケガもあった。そんな時期が続いたんです。タイミングなんでしょうかね」

ヘッドコーチとの相性、チームの方針、同じポジションの選手との兼ね合い、ゲームプラン、ケガ……。日本代表に定着できるか、否か。そこには様々な要因が複雑に絡まり合う。一人のプレーヤーに、その理由を問うのはあまりにも酷だったかもしれない。

最後のチャンスは、二九歳。

二〇一一年W杯後に日本代表のヘッドコーチに就任したエディー・ジョーンズに代表合宿に呼ばれたのである。練習は厳しかった。

だが、だからこそ、消えかけていたジャパンへの思いが蘇った。試合に出られないリザーブでも、ケガ人が出たときのバックアップでもいい。メンバーに入りたいと思ったが、桜のジャージにはあと一歩、届かなかった。

でもね、と金は語る。

「日本で好きなラグビーを続けられて、親孝行もできて、最高のラグビー人生でした」

金は、苦労をかけた母を日本に呼び寄せようとした。しかし母は友だちがいる祖国で暮らしたいと話した。彼はラグビーでえた収入で、母のために家を建てた。苦労をかけたせめてもの恩返しだった。

彼に引退後のビジョンを聞くと「格好いいことなんて何もいえませんけど……」と照れ

くさそうに切り出した。

「日本ラグビーを経験した韓国人の仲間と一緒に、韓国ラグビーを変えていければ……。そして韓国の若くて才能がある選手を——たとえば、具智元《グジウォン》選手のようにチームや日本のファンに愛される選手が増えるような活動をしていきたいですね」

具智元の父の思い

具智元は、W杯日本大会で日本代表の鍵を握るプレーヤーである。一八四センチ、一一九キロの右プロップ。日本代表スクラムの支柱だ。

現在、三重県鈴鹿市に本拠を置くホンダヒート（現三重ホンダヒート）で汗を流す具は、太い眉が印象的な青年である。訥々とした語り口が、飾らない風貌と相まって、素朴な人柄を印象づける。

「スクラムの面白さは分かりにくいかもしれません。でもぼくはボールを持って独走してトライするよりも、スクラムを押しこんで相手のボールを奪うことに快感を覚えるんですね」

なんと言えばいいか……と、彼はラグビー経験者でもプロップの選手以外にはなかなか分からないスクラムの魅力について説明する。

「海外のスクラムは個々のパワーにまかせてバラバラに押してくる。身体が小さい日本代表がパワーに対抗するには、スクラムを組む八人が結束するしかない。一つの塊になって、全員の意志と力を一点に集中させて、相手のスクラムを分断していく。そんなイメージのスクラムがぼくの理想です」

父は元韓国代表の伝説とも言えるプロップの具東春。一九八〇年代、スクラムの要として幾度となく日本代表の前に立ちはだかったプレーヤーで、金を三重県の朝明高に紹介し、日韓ラグビーの橋渡し役も担う人物である。

「スクラムマシーンになるな!」

中学時代、父の叱咤を受けた具少年は、涙を流しながら山道を走っていた。当時、一七〇センチ、一〇〇キロ。走力に難がある息子に、父はスクラム以外のプレーを身につけさせようとしていたのである。

スクラムが強ければ、フィールドプレーや走力は二の次でいい。かつてのプロップはそんな存在だった。しかしそれでは、進化を続ける近代ラグビーには適応できない。父は息子を世界に通用するプロップに育てようとしていた。

「あの時期が一番キツかったです。正直に言えば、辛くてもう辞めたいと思った瞬間もありました。でもお父さんとお母さんが、ぼくらのラグビーのために、ニュージーランドや日本で一緒に暮らしてくれた。お父さんとお母さんのおかげで、いい環境でラグビーを続けてこられた。自分たちのために、こんなに一生懸命になってくれる両親は世界中どこを探してもいないと思うんです。だから、踏ん張らなければ、と」

具は一九九四年、韓国ソウル生まれ。二歳年上の兄で、ホンダヒートのチームメイトでもある智充《ジュン》とともに、小学六年生からラグビーをはじめた。そのころ、家族が暮らしていたのは釜山。父が釜山の鎮海高校をコーチとして指導していたからだ。

意外にも父は、それまで兄弟にラグビーを勧めたことはなかった。具は、韓国ではラグビーが不人気なうえ、厳しい環境でプレーを続けてケガに悩まされた経験があったからではないか、と推測する。

具智元

だが、才能ある兄弟が楕円球を触る姿を見た父のラグビー熱が燃え上がる。

「ラグビーをやるなら、いい環境で」とまだ中二の兄と小六の弟をニュージーランドに留学させたのだ。数カ月後には両親も釜山からウェリントンに移り住む。

日本ラグビーを知る父は次の居を日本に定める。二〇〇八年に、兄の日本文理大学附属高校入学を機に大分県佐伯市へ。具も兄を追うように、同校に進む。

そのころ父は仕事の関係で韓国と日本を行ったり来たりの生活だったが、佐伯にもどると必ずグラウンドに顔を出して、スクラムを指導した。

「低く」「低く」……。

父は低い姿勢でスクラムを組む重要性をくり返した。その成果だろう。高校二年になった具はU17日本代表に招集される。

もっとがんばれば、もしかしたら……。彼がはじめて日本代表を意識した瞬間だった。具は、父の教育方針で家族揃って韓国からニュージーランド、日本と住まいを変えた。やがて日本代表に憧れを抱く。

日本では留学生として日本語を一から学んだが、家族と一緒だった。そこが、これまでの留学生とは異なる点だろう。

当初「ラグビーをやるなら、いい環境で」と語った具東春の発言について、私は短絡的に捉えていた。いい環境とは、指導体制や練習環境だろうと思っていたのだ。

しかし第5章で紹介したNTTドコモレッドハリケーンズのリクルーターである呉英吉の言葉に、考えを改めた。

呉は十代前半から半ばの子どもには、保護者の愛情が絶対に必要だと語っていた。中学から高校時代は人格形成にも大きな影響をあたえる時期だ。長期の留学をさせるなら、親と一緒に暮らせるような仕組みを本気で考えなければならない。

具の父である具東春は、家族の時間を大切にすべきだと思っていたのではないか。家族が一緒だからこそ、若い息子たちは不安なくラグビーに集中できるはずだ、と。

日韓の架け橋に

「グー、行けー！」

具がボールを持って突進すると、隣に座っていた男性が立ち上がって絶叫した。

「グーくん！」と女性の悲鳴のような歓声も聞こえる。

私が具の試合をはじめて生で見たのは、二〇一八年二月二二日。秩父宮ラグビー場で行われたサンウルブズ対オーストラリアのブランビーズ戦である。

3番で先発出場した具は何度かボールを持ち、スクラム以外にも見せ場をつくっていた。前半リードして折り返したサンウルブズだったが、不運なミスもあり、二五対三二。オーストラリア代表を揃える強豪クラブに対する健闘にファンは温かな拍手を送った。なかでも日本代表となっていた具は、もっともファンの声援を集めた選手の一人だった。

具にとって、日本代表への憧れが募ったゲームがある。

二〇一五年W杯の南アフリカ戦だ。

拓殖大学三年生だった具は「ラグビー史上、最大の番狂わせ」と呼ばれた勝利を知り、驚きや喜びと同時に別の思いがよぎって、緊張した。

「これから日本代表はレベルがもっと上がるはず。自分も早くこのレベルに達する選手にならなければ」

具たち若い海外出身選手にとって、日本代表が憧れの対象になっていたのである。

はじめて日本代表に選出されたのは、その二年後のことだ。

二〇一七年一一月一八日、フランスのトゥールーズで行われたトンガ戦の前。ジャパンのジャージにはじめて袖を通した具は安心感に満たされていた。やっとここまできた。やっと桜のジャージを着ることができた、と。

金にぶつけた質問を具にも投げかけた。韓国と日本。どちらかを選ぶ葛藤はなかったか。

「ずっと日本代表に憧れていましたし、お父さんも『日本代表を目指しなさい』と応援してくれていたので迷いはなかったです。ぼくは日本で暮らしはじめて一一年目になります。韓国と同じくらいの時間を日本で過ごしました。韓国だけではなく、日本も自分の国という意識があります。とくに日本代表には、トンガやニュージーランド、フィジー……様々な国の選手がいる。それがプラスに働いているチームだと感じていましたから」

そして彼は少しだけ居住まいを正した。

「いまいろいろありますが、韓国人のぼくも日本代表として応援してもらえる。本当にいい環境でラグビーをやらせてもらっている」

いろいろありますが……。それは、日韓の間で噴出した様々な問題を指しているのだろう。

韓国内で日本代表としてW杯を目指す具に対して反発はないのだろうか。

「韓国でラグビーがそれほどメジャーなスポーツではないのも大きいと思いますが、とくにありません。逆に韓国のラグビー仲間はみんな応援してくれています。『お前は日本代表でもあるけど、オレたち韓国の代表でもあるんだ』と。ぼくは日本と韓国の人たちに応援してもらえる。それがとてもありがたい。ぼくがW杯でがんばることで、韓国を好きになる日本人が増えて、日本を好きになる韓国人が増えれば、と思っているんです」

ラグビーを日韓の架け橋に――。日韓に縁を持つラグビー関係者すべての思いである。

それはラグビーだけの問題ではないだろう。隣国との友好関係は、日韓双方の一般的な国民の何よりの願いだ。二四歳の一人のアスリートは、W杯日本大会で、二つの国に暮らす人たちの願いをも背負おうとしていたのである。

廣瀬とリーチ、二人の代表キャプテン

二〇一八年年末、東京都府中市にある東芝ブレイブルーパスのクラブハウスでリーチマイケルの共同取材が開かれた。私も数ヵ月前からインタビュー依頼を行っていたが、メディアからの取材申し込みが殺到し、個別の対応が難しい状況らしい。

当初、一〇人程度の記者による囲み取材かと考えていたが、予想は大きく裏切られた。

広々とした会議室に駆けつけたメディア関係者は、五〇人以上。記者たちは、彼の言葉をメモし、その表情にカメラを向ける。

前述したように、リーチには二〇一五年W杯の一年前に、約二時間にわたって単独で話を聞いていた。W杯三勝によって生み出されたラグビー熱の高さを感じさせる光景だった。

リーチは記者たちの質問に流暢な日本語で淡々と答えていく。

私にも質問のチャンスが回ってきた。数日前、発表された日本代表候補三八人に、八カ国一七人の海外出身選手が選ばれていた。リーチは多様なルーツを持つ選手たちをどのようにまとめていくのだろうか。

「そこは前回のW杯でキャプテンとして戦った経験が大きいです。もちろん外国人選手は特別扱いしません。なんのために、日本代表のジャージを着るのか。そのパッションを重視して引っ張っていけるようにしたいと考えています」

リーチの言葉をメモしながら私は四年前の話を思い出していた。

キャプテンに就いたばかりの彼は、こんな心境を語ってくれた。

「日本人は気を遣って、みんなの幸せというか、集団のハーモニーというか……チームの和を大切にする。ラグビーならミスをした選手に対して『ドンマイ』『気にするな』と声をかける。でも、それではミスはなくならない。ミスの原因を突き詰めなくなるからです」

ニュージーランドのチームでは、ミスに対して絶対に「気にするな」と慰めない。ダメなプレーは「ダメだ」と互いに遠慮なく指摘し合う。

「ラグビーにも日本人らしさが出ている。悪い意味ではないのですが、日本人にならないように気をつけたいと思っています。ぼくはニュージーランド人だから日本人のマネをして日本人らしくなってはダメなんじゃないかと考えているんです。いい面は残して、ダメな面は改善していきたいな、と。実はこれはエディーさんにも言われていることでもあるんです」

リーチマイケル

リーチは「自分は、スピーチでチームを引っ張ったり、大声で叫んで仲間を鼓舞したりするタイプのキャプテンではない」とも付け加える。

試合にフル出場し続けること。そして気持ちの入ったプレーをすること。キャプテンになってからは、この二つを常に意識していると話した。

それは、彼のラグビー観から生まれたキャプテン像だった。

「ラグビーはメッセージのスポーツです。チームに、大きな相手にもひるまずにタックルに入っていく選手がいたとします。その気持ちがメッセージとなって、チームメイトに伝わっていく。キャプテンが、怖がらずにタックルに行く姿を見せ続ければ、『オレもやらなきゃ』と仲間も奮い立つし、信頼も勝ち取れる。逆に腰が引けて、相手に弾き飛ばされたら弱い気持ちが伝わってしまう。すべてのプレーがメッセージになる。それが、ラグビーです」

取材会場では、ほかの記者がリーチに質問を続けていた。

「キャプテンとしてチームをまとめるにあたって、誰かに相談することはありますか？」

「それはトシさんです。廣瀬さんです」

廣瀬俊朗――。すでに現役を引退したが、リーチとは東芝ブレイブルーパスの同僚で、前任の日本代表キャプテンである。廣瀬は日本人として、どのように多国籍の選手たちを一つのチームとしてまとめたのだろうか。

二〇一九年四月一日。キャリーケースを引いてあらわれた廣瀬と藤沢駅近くの喫茶店に入った。この足で大阪に向かって、翌日に花園で催される子どもを対象にしたラグビークリニックに参加するのだという。

「マイケルは言葉の問題を気にして、キャプテンは純粋な日本人の方がいいのではないかと考えていたようですね。でもぼくがキャプテンのころから、マイケルが外国人選手と日本人選手の接着剤の役割を果たしてくれていました。ナイスガイで優しいですからね。彼がキャプテンにならない理由はなかったと思いますよ」

一九八一年生まれの廣瀬は大阪府出身。北野高校、慶應大学、東芝ブレイブルーパス、そして日本代表と所属したすべてのチームでキャプテンを経験したプレーヤーである。エディー・ジョーンズにして「自分の人生でナンバーワンのキャプテンだ」と言わしめたと聞く。

「日本代表のキャプテンをやってほしい」

二〇一二年三月、東芝ブレイブルーパスの本拠地近くの分倍河原駅近くのカフェで、廣瀬はエディーから打診を受ける。

当初エディーは日本人中心のチームづくりを模索していた。招集された代表メンバーもリーチ以外は日本人選手だった。そのメンバーでアジア五カ国対抗や、フィジーやサモア、トンガと争うＩＲＢパシフィックネーションズカップを戦った。この時期にチームの土台ができたと廣瀬は感じている。

「チームとして一貫していたのは、仲間を大事にすること。ハードワーク。この根っこを代表のコアメンバーで共有できた。うまく言葉にはできませんが、自分たちはこういうチームなんだという意識が生まれた。そのベースに海外出身の選手たちが溶け込んでくれた。こうしたプロセスがよかったのかもしれませんね」

廣瀬たちは海外出身選手たちをどのような形でチームに受け入れていったのか。

「お互いに認め合える場を設けたんです」と廣瀬は答える。

東芝では試合前日のミーティング後、スパイクを磨く時間を設けていた。全員で輪になって、スパイクを見せ合いながら冗談を言ったり、くだらない話で盛りあがったりする。

「そんな時間がチームの和を育んでいくと思ったんです。これは準備の象徴のような話ですが、試合前、整列してから相手の選手とグラウンドに入っていく。相手のスパイクよりもきれいだと不思議と自信がわく。そんな気持ちを大切にしたいなと考えて、代表でも全員でスパイクを磨く時間をつくりました」

ぼくが個人的に大切にしていたのは……と、廣瀬はスマホを手に、何かを検索しはじめた。

「各国に『ハイ、ブラザー』みたいな砕けた言い方があるんですよ。ニュージーランドは『ハイ、ブロー』で、オーストラリアは『ハイ、マイト』。サモアが『ハイ、ウソ』。そしてトンガは確か……」

廣瀬は「これですね」とスマホの画面を見せた。

〈トコはスラングで兄弟を意味します〉

「そうそう、トンガが『ハイ、トコ』。はじめてきた選手や、朝にその国の選手のスラングであいさつしていました。ほんのちょっとしたことですが、このチームはみんなに対して、オープンなんですよ、と知ってほしかった。それに、いろんな考えの人やルーツが異なる人とたくさん接することができたのは純粋に楽しかったし、勉強になった。お互いに歩み寄れるような雰囲気をつくりたかったんです。常に、寛容でありたいな、と」

私が思い出したのは一九九九年W杯でマコーミックが率いた日本代表である。

ジェイミー・ジョセフとグレアム・バショップ。オールブラックスを経験した二人のスーパースターを起用した影響か、日本人選手と外国人選手の間に壁ができた、と関係者に聞いていたのだ。

「その点はぼくらのときとは少し違うかもしれませんね。日本代表になった海外出身選手は、他国でめちゃくちゃ活躍したスーパースターって感じじゃなかったから、日本人選手との間に、距離感はなかったです」

「寛容でありたい」

エディージャパンが「お互いに認め合える場」の一つとして取り組んだのが、国歌である。

廣瀬は二〇一一年W杯のキャプテンだった菊谷崇やリーチと「強いチームとはどんなチームなのか」と話し合った。そこで注目したのが国歌だった。

ラグビーに限らず、強豪国の選手たちはみな堂々と国歌を歌っている。

チームメイトと肩を組んで君が代を歌う。廣瀬にとっても、その瞬間が国を、日本ラグビーを背負って戦う実感がわく特別な時間だった。

ニールソン武蓮傳も語っていた。「それまでもすべての国の国歌は、美しいと感じていました。でもあのときの君が代は特別でした。本当にうれしかったな」と。

当時の日本代表には、君が代を知らない海外出身選手もいた。

それはそうだろう。高校時代に留学した選手なら歌う場もあったはずだ。だが、プロとして来日したプレーヤーは君が代を歌う機会なんてなかったに違いない。

そこに気づいた廣瀬は「これは放っておいてはあかん問題や」と直感した。日本ラグビーを背負う——その昂揚感と責任感をチーム全員で共有すべきだと考えたのである。

国家代表なのに、国歌を知らない。チームに認められていないのではないか。ただの〝助っ人〟と思われているのではないか。海外出身選手の身になって考えれば、そんな不安を抱いてもおかしくない状況だったのである。

廣瀬らリーダーが中心となり、合宿中に国歌の練習を行って、歌詞の意味を教えた。

「日本の繁栄を願う歌だと話しました。そして日本の未来のために、ぼくらは何ができるか。日本のファンや関係者に喜んでもらうために、いい試合をしよう、と。試合前に、みんなで肩を組んで国歌を歌う……そこに外国人も日本人もなかった。一つのチームとしての結束が固まったと実感できたんです」

そんな経験から二〇一九年W杯に向け、廣瀬は「スクラムユニゾン」を立ち上げ、活動している。「スクラムユニゾン」は、W杯に出場する二〇カ国すべての国歌を覚え、選手たちや来日するファンと一緒に歌うプロジェクトだ。

そうした廣瀬の姿勢は、一つの目標に貫かれている。

日本代表を憧れの存在にしたい。そんな切実な思いである。

意外に思う読者もいるかもしれない。日本代表なんだから、日本でプレーするすべてのラグビー選手の憧れの存在だろうと考えるのが普通だ。

だが、代表監督をつとめた日比野弘も、日本代表としてプレーしたノフォムリも、自分が所属する大学や社会人のチームを優先するのか、日本代表に招集されても辞退する選手は少なくなかったと話していた。また、ケガを恐れてか、代表の試合でふだんよりも低調なパフォーマンスをくり返すプレーヤーもいた。廣瀬も言う。

「ノフォムリさんもそうおっしゃっていましたか……。日本代表に対する愛着がプレーヤーだけでなく、ファンの人たちも含めて低かったような気がしていました。ファンの方々も、印象に残る試合といえば、いついつの早明戦とか、神戸製鋼七連覇の話題になりますよね。まずは日本代表を憧れの存在にしなければ、と思っていたんです」

代表を憧れの存在にする。そこに必要なのは強さだろうか。強い日本代表だからこそ、ファンは憧れ、プレーヤーの目標になるのではないか。

だが、廣瀬の答えは違った。

「そもそも問題はなんのために勝つのか、だと思うんです。ぼくたちは憧れの存在になるために、勝ちたいと考えた。さらに言えば、勝ち負けは自分たちでコントロールできない相対評価でしょう。でも、憧れの存在になるかならないかは、自分たちの努力次第です。憧れの存在になるために何をするのか」

たとえば、と廣瀬は、他国の試合で日本代表が使用するロッカールームを例にあげた。使用後、きれいに清掃されたロッカールームを見た他国の関係者や清掃スタッフはどう思うか。

あるいは子どもにサインを求められたら丁寧に書いて「ありがとうね」と声をかける。

「そうした態度の積み重ねで、応援したいと思ってもらえるんじゃないか、と。そのためには、ぼくたち自身が、日本代表を自分のチームとして好きになる必要があったんです」

二〇一五年W杯。南アフリカ戦前夜のことである。

イングランドのブライトンに滞在する日本代表のもとに、トップリーグ全チームからの応援メッセージが届いた。

廣瀬が、慶應大の後輩でトップリーグキャプテン会議の代表をつとめるキヤノンイーグルスの和田拓や、菊谷崇に制作をお願いした映像だった。

あの映像には二つの意味があったと廣瀬はよどみなく説明する。

「まずは日本代表メンバーに、トップリーグの仲間たちが応援してくれていると実感してほしかった。ぼくたちはみんなの代表なんだ、と。もう一つ。日本のラグビー選手にも、応援メッセージを送ることで、日本代表とつながっていると感じてほしかった。日本代表はオレたちの代表だと思ってほしかったんです」

様々な「場」を設け、チームのなかにそれぞれの居場所をつくる。それは海外出身選手との融合を目指す日本代表という一つのチームに限定する考え方ではない。日本ラグビー全体にも波及する力を持っていた。しかもそれだけに止まらない。

日本代表のお互いに認め合える場を設けた取り組みは、好むと好まざるとにかかわらず、外国人を大量に受け入れる日本社会に必要な考え方だと思うのだ。

廣瀬は話をこう締めくくってくれた。

「ぼくは、日本代表チームをよくするにはどうするべきかだけを考えていました。でも、いま思えば、社会に横展開できそうな考え方ですね。様々な国や言語の人たちがそれぞれの目標を持って来日してくる。そう考えていくと、ラグビー日本代表のあり方は、これからの日本社会でも再現性が高いかもしれません」

平成の次の元号は令和――。

廣瀬に話を聞いたのは、令和発表の数時間後のことである。そして事実上の移民政策と言える外国人労働者受け入れ拡大がスタートした日でもあった。

ラグビー日本代表のあり方を、私たちは社会にどう活かすことができるだろうか。

「寛容でありたい」

廣瀬が発した一言が、頭に残ってしばらく離れなかった。

ホームは、日本

ノフォムリとホポイの来日からもうすぐ四〇年の歳月が経つ。日本社会においても外国人との共生はいまにはじまった話ではない。

そう実感したのがウェブサイト〈高校バスケPRESS〉に投稿された一本の記事である。トンガ出身のパレイタカイの娘が有望なバスケット選手だと聞き、なんとはなしに調べていたのである。

パレイの娘、パレイ紀子は、現在、東京医療保健大学バスケットボール部に所属し、大学日本代表にも選ばれている。

高校時代、一八一センチの長身と父譲りの運動能力を見込まれてラグビー関係者に「ラグビーをやってみないか」と声をかけられたが、「あれは男のスポーツだからやりたくない」とバスケを続けた、と父は苦笑いしていた。

インターネットで検索できたのは、二〇一七年八月一六日に投稿された、彼女が明星学園高校三年生のときに取材された記事だった。記事中では〈父はトンガ出身のラグビー選手で、大東文化大に留学、後に横川《ママ》電機で活躍したタカイ・パレイさん〉と紹介されている。

興味深かったのは〈現在、明星学園には8人のハーフ選手がいる。八村塁、阿蓮の妹である八村安美奈、オコエ桃仁花（モニカ：現・デンソーアイリス）の親戚でナイジェリアから来たエンデュランス（180㎝）など〉のくだりである。

バスケットボールはあまり見る機会はないのだが、NBAでの活躍が期待されるベナン人を父に持つ八村塁や、ナイジェリア人の父を持つプロ野球選手オコエ瑠偉の妹であるオコエ桃仁花の存在は知っている。

グローバリゼーションが進んだ結果、国際結婚が増加して、様々なルーツを持つアスリートが増えたのである。

陸上のケンブリッジ飛鳥、サニブラウン・アブデル・ハキーム、柔道のベイカー茉秋ら、日本とは異なるルーツを持つ数多のアスリートが日本代表として活躍している。

ラグビーでも、二〇一九年W杯で日本代表のバックスの中心選手として期待される松島幸太朗はジンバブエ人の父を持つ。

日本代表となった海外出身選手の二世たちの活躍も目立っている。

パレイの大学時代の同期であるロペティ・オトの長男オトジョシュア輝恵《てるよし》は、帝京大で大学日本一を目指し、汗を流している。

一九九九年のW杯でマコーミックとともに日本代表として戦ったパティリアイ・ツイドラキはフィジー出身の選手である。彼の長男バティリアイ・ツイドラキはトヨタ自動車ヴェルブリッツで、次男ヴィリアミ・ツイドラキは摂南大学でプレーする。

志南利ラトゥの長男であるラトゥクルーガーは、父が歩んだ道を辿るかのように、二〇一八年に大東文化大を卒業し、パナソニックワイルドナイツに加入した。

一九九五年生まれのクルーガーは、小学校までを群馬県大泉町で過ごし、中学、高校時代にニュージーランドに留学した。

一八五センチ、九八キロの大型センターである。父と同様のサイズに恵まれたクルーガーは、まだ表情に無邪気さが残る青年だった。

「家にお父さんが出場した試合のビデオがたくさんあったんです。小学生のときはヒマさえあれば、試合のビデオを見ていました。純粋に、お父さん、すごいなと思って」

父が大東大ラグビー部の監督に就任した二〇〇二年からは、クルーガー少年も東松山のグラウンドの片隅で、楕円球をおもちゃ代わりに遊び、寮に泊まりにいっては部員たちに可愛がられた。特別顧問の鏡については「小さいころから知っているんで、ぼくにとってはおじいちゃんみたいな存在」と屈託がない。

半月板陥没骨折、前十字靭帯断裂……。大学時代、クルーガーは度重なるケガで、ポテンシャルを十分に発揮できなかった。だからこそ、トップリーグにかける思いは強い。

「トップリーグはさすがにレベルが違いますね。大学まではレギュラーになって試合に出るのが、あたり前だったので……。チームにはたくさんの日本代表選手がいます。まずは彼らとの競争に勝って、パナソニックでレギュラーにならなければ、と」

クルーガーに日本代表への思いや父についての話を聞くなかで、興味深かったのはラグビーとは無関係の証言だ。

「自分がトンガ人だと意識する瞬間はあまりなかったですね。地元の大泉町には日系ブラジル人が多いでしょ。だからよくブラジル人に間違えられていましたが……」

ラトゥクルーガー

群馬県大泉町は、人口約四万二〇〇〇人のうち約一割が日系ブラジル人である。

大泉町に日系ブラジル人が暮らしはじめたきっかけは、クルーガーが生まれる五年前の一九九〇年。出入国管理法の改正で、日系人は三世までが日本でどんな職業にも就ける定住ビザが発給されるようになった。日系ブラジル人たちは大泉町の富士重工業（現スバル）や三洋電機などの工場で働きはじめ、やがて町にはポルトガル語の看板を掲げたスーパーや飲食店が増えていく。

以前、調べた内容を話すとクルーガーは「へえ」と驚き、続けた。

「知らなかったですね。ぼくにとっては、それがあたり前だったんで」

出入国管理法改正からもうすぐ三〇年が過ぎる。大泉町で育った二三歳の青年にとっては、国際化が生んだ風景が日常だったのだ。

だが、それは三〇年前にはじまった現象ではない。歴史をひもとけば、一七世紀になると多くの韓国人や中国人が日本にわたり、医学や陶芸などを伝えた。明治維新後は中国や韓国、台湾から受け入れた、たくさんの留学生が日本に定着している。

日本は、異文化にルーツを持つ人々を受け入れ、共生してきた歴史を持つ。

トンガ人の両親を持ち、日本に生まれ、ニュージーランドに五年間暮らしたクルーガーは「二〇二三年のW杯をターゲットにしたい」と語る。トンガ、日本、ニュージーランドの代表資格を持つがどう考えているのだろうか。

「大東、パナソニック、そして日本代表……。たくさんのトンガの選手が通った道ですから日本代表以外は考えていないです。ぼくは日本で生まれました。ホームは、日本なんですよ。だから自然ですよね。引退後も日本で暮らすつもりですから。そのあたりはノフォムリさんやお父さんたちの世代とは少し感覚が違うかもしれません」

クルーガーがあたり前の事実に気づかせてくれた。

トンガ出身の両親を持つクルーガーにとっても、ホーム——ふるさとは日本なのだ、と。

移民を受け入れるか否か。そんな議論以前に、トンガにルーツを持つ日本生まれの青年が、日本を代表する夢を語っている。

私たちは、すでに多様な文化を内包した社会で生きている。

日本ラグビー史に、その名を刻んだ男の息子の言葉が、ラグビーの国際化、いや、日本社会が新たなフェーズに入った現実を突きつけてきたのである。

エピローグ

韓国のソウル駅でKTS（韓国高速鉄道）に乗り換え、約四〇分ほど。天安牙山駅で拾ったタクシーは市街地を抜け、農村を通って、山道にさしかかる。くすんだ白壁のホテルや旅館が山の中腹に建ち並ぶ風景が、東北地方によくあるひなびた温泉街を想起させた。

私が韓国の温泉地として有名な牙山市を思いがけずに訪れたのは、二〇一六年一〇月初旬のことだ。きっかけは数日前。知り合いの編集者からの一本の電話である。

彼は、民団（朝鮮半島にルーツを持つ日本定住者の団体である在日本大韓民国民団）の関係者から聞いたと前置きしつつ、興味深い話を切り出した。

韓国版サンウルブズとも呼べるプロジェクトが水面下で進んでいるという。先述したように、本家サンウルブズは、日本代表の強化を目指し、海外のプロ選手と日本代表選手を中心に編成し、世界トップレベルのスーパーラグビーに加入したクラブである。

では、韓国版サンウルブズとはなにか。

韓国代表クラスと在日コリアンの選手に加え、日本人や海外出身のプレーヤーとチームを組んで、トップリーグの下部組織に参戦する韓国代表強化プロジェクトだ。

アジアのラグビー界では、日本一強状態が続いている。アジア全体のラグビー振興なくして日本ラグビーのさらなる発展は望めない。第一歩として、かつて日本代表を何度も苦しめた韓国代表復活を目指し、在日コリアンのラグビー関係者らが主導する計画らしい。

その一環として、大学や社会人のクラブに所属する在日コリアン選手たちによる在日コリアン代表とも呼べるチームが、数日後に開催される韓国の全国体育大会に参加するという。

韓国版サンウルブズは、ラグビーという一つのスポーツの枠組みをこえた意味があるはずだ。私はそう直感した。ネット上にあふれる他者の尊厳を踏みにじる言葉や、路上でさかんにくり返されるヘイトスピーチへの、カウンターになりえるのではないか。在日コリアンと日本人、そして韓国人が結成するラグビークラブが、そんな閉塞感を覚える、不寛容な社会に風穴を開けてくれるのではないかと期待したのだ。

私は学生時代に読んだ関川夏央の『海峡を越えたホームラン』を連想した。一九八〇年代に韓国プロ野球に身を投じた在日コリアン選手たちの葛藤や等身大の韓国社会を活写した名作ノンフィクションである。韓国版サンウルブズを追えば、海峡を越えたホームランならぬ、国境を越えたスクラムとも呼べる物語を描けるのではないかと思ったのである。

私は、数日後に迫った彼らの試合を観戦しようと、あわただしく金浦国際空港行きのチケットと開催地である牙山市のホテルを手配したのだった。

もう一つ、韓国版サンウルブズに惹かれた理由がある。

実は、二〇一五年に行われたラグビーW杯イングランド大会前にも、私はラグビー日本代表となった海外出身選手を追うルポルタージュを書きたいと考えていた。

話を持ちかけた編集者は、ラグビーに加え、海外出身選手というテーマに対し、難色を示した。そのたびに私は説明をくり返した。

ラグビーの国家代表は、国籍にこだわらず、ある一定の条件を満たせば、どの国の代表にもなれる。国際化が進む社会では先進的であり、実験的な組織なのだ、と。

しかし編集者たちは、一様に首を傾げた。私の実績、実力不足が原因だと言われれば、うなだれるしかない。だが、それ以上にラグビーの認知度の低さを突き付けられた気がした。「ラグビーファン以外に外国人選手に関心を持つ人はいるんですか。その前に日本人選手すら誰も知らないのに、外国人選手と言われてもねえ」とにべもなく断る編集者もいた。

それが二〇一五年以前の日本ラグビーを取りまく現実だったのだろう。そんな空気をがらりと変えたのは、二〇一五年W杯の南アフリカからの勝利である。

リーチマイケルをはじめとする海外出身の選手たちは瞬く間に時の人になった。彼らが出演したニュースやバラエティなどのテレビ番組を通し、国籍にこだわらないラグビー代表チームのあり方を知った人も多かったのではないか。

そんなさなかに舞い込んできたテーマが、韓国版サンウルブズだった。プロジェクトを主導し、全国体育大会に参加した在日コリアンチームを率いたのが、呉英吉だった。ドコモレッドハリケーンのリクルーターである呉は、二〇一五年までは母校の大阪朝鮮高を指導し、全国屈指の強豪校に育てあげた指導者でもある。

牙山のホテルではじめて出会ってから、菅平や大阪にあるレッドハリケーンズのクラブハウスなどで断続的に話を聞いてきた。

「ラグビーに限らず、スポーツは人と人がつながるうえで、とても有効な手段だと思っているんですよ。ぼくらの世代の朝高（朝鮮高校）は花園に出るチャンスすらなかった。日本社会と在日の社会に壁があることすらも気づいていなかった。『花園なんて、オレたちが出るとこちゃうな。出たらあかんとこやな』と思い込んでいましたから。でも、いまは在日の子が日本の高校生や大学生と試合をして、高校日本代表やU20を目指し、日本代表に憧れるのがあたり前になったでしょう」

そのなかで韓国代表となった在日コリアンプレーヤーもいる。呉の教え子で、近鉄ライナーズや釜石シーウェイブズでプレーした鄭貴弘《チョンキホン》、マツダブルーズーマーズ（現マツダスカイアクティブズ広島）の南宗成《ナムジョンソン》である。

大阪朝鮮高出身ではないが、マツダブルーズーマーズの李修平《リスピョン》も韓国代表歴を持つ在日コリアンの選手だ。

しかし呉の言葉のように、最初から在日コリアンに日本代表の道も、韓国代表の道も拓《ひら》けていたわけではない。

呉は一九六八年に生まれた在日コリアン二世である。父は親戚の伝手を辿って戦後間もない時期に韓国から来日し、大阪で製造業に従事した。やはり朝鮮半島出身の母は、キムチ屋や韓国居酒屋を営んで六人の子どもたちを育てた。

末っ子だった呉がラグビーに出合ったのは、中学時代。『スクール☆ウォーズ』のモデルとなった伏見工業高と大阪工大高の試合を見て「これや！」と身体に電流が走った。

大阪朝鮮高に進学した呉だが、公式戦出場記録は残っていない。朝鮮高校が、公式戦への出場が認められていなかった時代だったからだ。

毎年九月に開かれる全国の朝鮮高校が集う大会で、ラグビー部の三年生は引退する。三年生の冬。呉は花園で熊谷工業高の試合を見た。グラウンドでは同世代でのちに日本代表になる加藤尋久《ひろなが》や堀越正巳がプレーしていた。

通名だったらオレらも花園に出られたのかな。朝高だから差別されているのかな……。そんな嫉妬とうらやましさを感じながら見つめるグラウンドが、とても遠く感じた。

憧れだった平尾誠二の母校である同志社大進学も考えた。だが、各種学校に位置づけられる朝鮮高校の卒業生が日本の大学で学ぶには、夜間高校に通って必要な単位を取得したうえで、大検を取らなければならない時代だった。朝鮮学校の生徒は、花園だけでなく、国籍の問題で国体にも出場できなかった。彼らには定期券の学割も適用されなかった。ラグビー以前の問題である。しかし呉は当時を「それはそうだな、と諦めるしかない気持ちだった」と懐古する。

「差別、差別の向かい風のなかで高校時代を過ごした」とも振り返る呉は、体育教師を目指し、東京都小平市の朝鮮大学校に進学する。

ラグビーの理念から言えば、在日コリアンにも日本代表の道は開かれていたはずだ。実際、日本の高校や大学を卒業した在日コリアンのなかには日本代表に選出された選手もいたが、ルーツを公にする選手は少なかった。

呉も国家代表に憧れたが、北朝鮮ではラグビーをやっていない。日本代表にもなれない。当時、朝鮮籍だった呉にとって、韓国代表はさらに遠い存在だった。

大阪朝鮮高に体育教師として赴任した呉は、在日コリアンの選手たちが中心となって結成した千里馬《チョンリマ》クラブでプレーしていた。そのころ、関西地方の府県の国体チームとクラブ代表チームが関西一をかけて争う大会があった。国籍を理由に国体メンバーには選出されなかった呉だったが、大阪クラブ代表チームではキャプテンをまかせられる。

呉が率いたチームは決勝まで勝ち進む。優勝を争う相手は、ＮＴＴ関西や大阪ガスなど当時の関西社会人Aリーグの選手たちで編成した大阪府の国体チーム。無名の雑草軍団である大阪クラブ代表は、なんと番狂わせを起こして、国体チームを倒してしまったのである。

「ぼくらのチームにはなんの壁もなかった。国籍をこえて一つのチームとして勝利を目指す。あれは、何ものにも変えられない体験でした。ぜひ生徒たちにも同じような経験をしてほしいな、と思うようになりました」

そんなある日、千里馬クラブに、大阪に転勤してきた日本人プレーヤーが入部を申し込んだ。「日本人はダメ」と露骨に拒否するメンバーもいたが、呉は彼らに対して「それは逆差別やないか」と反論した。

「差別されたから言うてる場合ちゃうやん。自分たちの方こそ、壁を取っ払って、日本の社会で一緒に共栄していくべきやないか。ノーサイドなんやから、と」

そもそもラグビーは、と呉は続ける。

「ノーサイドの精神を尊重する紳士のスポーツでしょう。公式戦に出られないなか、一緒に試合や合宿をしてくれた日本の高校や大学の先生たちがいたからこそ、ぼくらはラグビーを続けることができた。日本の学校の先生たちや様々な方の呼びかけや協力のおかげで花園の道が拓けたんです」

高体連が特例で花園予選への参加を認めたのは、一九九四年度のことである。その前後の道筋を呉は「トンネルをちょっとずつ、ちょっとずつ掘っていく感じ」と表現する。

そして二〇〇三年に大阪予選を勝ち抜いた大阪朝鮮高は、花園に初出場を果たす。キープレーヤーだった趙顕徳《チョウヒョンドク》は朝鮮高校の選手として、はじめて高校日本代表に選ばれた。

「ラグビーって、きちんとすれば、なんとかなるスポーツやないですか」

いつだったか呉がふと口にした一言が気になった。なんとかなるとは、どんな意味なのか。何気なく引っかかって聞き返したのである。私の問いに対し、呉は次のように答えた。

「ラグビーは団体競技ではもっとも人数が多いし、一人一人に役割がはっきりあるでしょう。みんなが日本代表になるのは難しいけど、高校レベルでは役割をまっとうできれば、チーム内で自分の存在意義を見いだせる。教育的な視点で言えば、ラグビーは生徒たちの承認欲求を満たせるスポーツなんです。自由に振る舞いたい気持ちをグッと抑え、仲間やチームのために約束を守り、与えられた役割を果たす。トライしたヤツが偉いわけじゃない。身体を張ってタックルに行き、身を挺してこぼれ球を確保する……。目立たなくても自分の役割に情熱と責任を持てれば、チームに認められる。チームは社会の縮図でしょう。そう考えると、ラグビーにしっかり取り組めれば、社会で認められる人間になれる。だからぼくは、ラグビーを通して、社会に貢献できる生徒を育てたいと考えてきました」

韓国版サンウルブズの意義もさることながら、ラグビーに真摯に向き合う呉の人柄に惹かれた。国籍や文化、ルーツの壁をこえて調和するラグビーの魅力を彼の歩みも象徴していると思えたのである。

しかし——韓国版サンウルブズは頓挫してしまう。

障壁は韓国ラグビー界の保守的な姿勢だった。「在日のお前らが韓国社会を変えるなんてもってのほか」と外からの変革を拒んだのである。呉はこう語っていた。

「壁を取っ払ったと思ったら新しい壁ができる。次にその壁をどう越えていくかですね」

熊谷ラグビー場で呉に久しぶりに会ったのは、二〇一九年四月四日。熊谷市で、桜が満開となった日だった。

毎年春、ここで全国高校選抜ラグビー大会が開かれる。戦前から続いてきた「花園」と称される冬の全国高校ラグビー大会に対し、一九九九年から開催された「センバツ」あるいは「春の熊谷」と呼ばれる新しい大会である。

スタジアムの隣に併設されたBグラウンドでは、ベスト8に残った奈良県の天理高校と愛知県の中部大学春日丘高校のゲームがはじまっていた。私はトンガやフィジー、ニュージーランドからのプレーヤーを見たかったのだが、残念ながら留学生を擁するチームは予選プールですべて姿を消してしまっていた。客席で落ち合った呉は語った。

「留学生を入れたからといってもなかなか勝てないんですよ。強いチームになると、彼らにボールを持たせないよう、戦術を立ててきますから……」

彼はグラウンドを見つめたまま続ける。

「今年の天理のラグビーは面白いですよ。みんな鍛えられている。あの3番見てください」

白いジャージの3番を探す。小太りでずんぐりしている。パワープレーは得意だが、足が遅い。そんな典型的なプロップの選手に見えた。

だが、その選手は私の先入観をあっさりとこえていった。

スピードに乗ってボールを受けた彼は、走る、走る、走る……。彼のスピードにディフェンスは一人も追いつけない。客席から驚きのため息がもれた。体格に似合わぬ機敏な動きとスピーディーなランで、気持ちのよい独走トライを奪ってしまったのである。

それは3番だけではなかった。小粒揃いの天理高だったが、ポジションにこだわらず、縦横無尽に動き回る。高校生らしい創意工夫に満ちたエキサイティングなラグビーを展開していた。

「パワーに頼らずに一五人が連動してボールを回していくラグビーが理想」とかつて呉が語った言葉に重なるチームだった。

観戦を終えた私たちは、久しぶりにビールを飲もうとラグビー場の出口に向かった。

「ちょっといいですか」

スタジアムのバックスタンド入り口あたりにさしかかった呉が足を止める。

壁一面に、センバツに出場した歴代の校名と、出場メンバーの一人一人の名が刻まれたプレートが飾られていた。

呉は、教え子たちの名が刻まれた大阪朝鮮高ラグビー部の記念プレートにスマホを向けた。影が映り込まないように、と角度を変えながら撮影する姿はリクルーターよりも、子ども思いの教育者の肩書きがふさわしく思える。

プレートには、日本ラグビーの未来を切り拓く原動力になった〈コリニアシ　ホラニ〉〈マイケル　リーチ〉〈五郎丸歩〉〈畠山健介〉〈立川理道〉〈稲垣啓太〉らの名も記されていた。二〇一九年W杯日本大会で活躍が期待される目黒学院高校のトンガ人留学生〈アタアタ　モエアキオラ〉の名もある。

トンガ選手のパイオニアであるノフォムリやラトゥの存在がなければ、ここに〈コリニアシ　ホラニ〉〈アタアタ　モエアキオラ〉の名はなかったかもしれない。〈マイケル　リーチ〉をはじめとする高校留学生の受け入れの素地をつくったのが、一四歳で単身ニュージーランドから来日したニールソンだった。大阪朝鮮高が公式戦出場を果たすまでには在日コリアンの関係者に加え、日本人のラグビー関係者の協力が不可欠だったはずだ。

一人一人の名を目で追いながら思う。

センバツや花園を目指す切磋琢磨のなかで、国籍やルーツにかかわらず、選手たちはみなプレーヤーとしても人間としても成長していったんだな、と。

シルバーのプレート一枚一枚に、過去からつながる日本ラグビーの、そして、日本社会の、未来が刻まれているように見えるのだった。

あとがき

本書の取材で、ラグビーをやってよかったなと幾度も実感した。

私が高校時代に自己肯定感を持てたのは、ラグビーに出合ったからだ。中学時代は勉強があまり好きではなく、ヒマさえあれば本ばかり読んでいた。スポーツは好きだったが、さしたる成績を残せなかった。

振り返ると、そんな中途半端な中学生が高校でラグビーをはじめて、なにかが変わった気がする。呉英吉先生の言葉を借りれば、チーム内で自分の存在意義を見出し、承認欲求が満たされたからだろう。

フリーライターは、知らない町に出向き、人と出会い、言葉を探し、表現しなければならない。しかも不安定な商売である。ラグビーを通してえた経験や自信がなければ、そんな仕事を選ばなかったかもしれないな、といまになって感じるのである。

本書を完成することができたのは、ラグビーが結んでくれた縁のおかげである。協力してくださったみなさんにこの場を借りて感謝したい。

　取材に取りかかるにあたり、以前お世話になった早稲田大ラグビー部OBで、同郷の勝田譲さんに相談した。譲さんは、父の勝田隆先生に引き合わせてくれた。私の母校である山形中央高ラグビー部を創部した勝田先生は、現在日本スポーツ振興センターの理事をつとめている。私が入学した年に転任したので、直接指導を受ける機会は少なかったが、勝田先生の話は青春時代を思い出させてくれた。

　勝田先生が、日本ラグビー協会の専務理事だった坂本典幸さんを紹介してくださったおかげで取材が大きく前進した。日本ラグビーの生き字引である白井善三郎さんと日比野弘先生に連絡を取ってくださったのである。また日本ラグビー協会事務局の富岡英輔さんにも様々なアドバイスをいただいた。

　恩師である山形中央高ラグビー部前監督の松本栄先生には、仙台育英高の丹野博太先生と、松本先生の兄である正智深谷高の松本哲也先生をご紹介いただいた。さらに現監督の佐藤大志先生には、長く部長をつとめた小川秀人先生が作成した古い資料をご提供いただいた。

　東北学院大ラグビー部で、二学年上の工藤昌彦さんや松本敏明さん、同期の伊藤剛広さんには宮城県のラグビー事情などを教えていただいた。

本書の取材を続けるなかで、思わぬ再会があった。

高校最後の花園で、私たちは二回戦で敗退した。相手は優勝した大阪工大高で、一三対七四の大敗。大阪工大高のキャプテンが現在U20ラグビー日本代表の監督をつとめる水間良武さんだった。水間さんとは渋谷の居酒屋で偶然、再会し、その後もラグビーについて教えていただいた。

また、連載予定だった雑誌が休刊し、途方に暮れていた私に書くチャンスを与えてくれたのが『中央公論』編集部の山田有紀さんだった。そして中央公論新社ノンフィクション編集部の高橋真理子さんのサポートのおかげで本書が完成した。

最後に、ラグビーの魅力を教えてくれた亡き祖父と、ラグビーを続けた私を応援してくれた両親に感謝したい。

二〇一九年七月

山川　徹

文庫版あとがき――ラグビー憲章〈品位〉〈情熱〉〈結束〉〈規律〉〈尊重〉の価値

小雨にもかかわらず、秩父宮ラグビー場は、一万六二三七人ものファンで埋まっていた。一八シーズンにわたって続いたトップリーグは、二〇二二年一月にジャパンラグビーリーグワンへと名前を変えた。

リーグワン二年目のシーズンも大詰めを迎えた二〇二三年五月一三日。プレーオフトーナメント準決勝となる埼玉パナソニックワイルドナイツと横浜キヤノンイーグルスのゲームを観戦した。

前半三八分、横浜の田村優がハーフウェーライン付近からドロップゴールを決めてリードを五点に広げたかと思えば、前半終了間際には埼玉の松田力也がペナルティゴールで再び二点差に詰める。新旧日本代表のスタンドオフが繰り広げるキックの応酬にスタンドから感嘆の声が漏れた。

埼玉の1番を背負った日本代表の稲垣啓太がボールを持って突進する。

「ガッキー!」

誰かが叫ぶ。甲高い声とともに立ち上がったのは、埼玉のチームカラーである青色のポンチョを被った小学生くらいの女の子だった。ガッキーとは、二〇一九年のW杯日本大会で大活躍して〝笑わない男〟として一躍、時の人となった稲垣の愛称である。きっと彼女も前回のW杯を見て、稲垣のファンになったに違いない。

選手の一挙一動に、ファンたちが息を飲み、声援を送る。懐かしくもなじみ深いスタジアムの空気だった。

私にとって埼玉対横浜は、声出しの応援が全面解禁になってからはじめてのラグビー観戦となった。コロナ禍中も何度かスタジアムに足を運んだが、感染拡大を防ぐために、マスク着用を義務づけられ、声出しは禁止された。フィールドで楕円球を追う選手たちの姿を黙って見つめていたが、座り慣れた客席のはずなのに、なぜか居心地が悪かった。日本でラグビーW杯が開催されてからさほど歳月は経っていない。けれども、あの熱狂がとても遠くに感じられたのである。

〝自粛〟の名のもとに、日常が制限された日々のなかで、私は二〇一九年のW杯日本大会を幾度も思い返した。

忘れられないシーンはいくつもあるが、あえて一つあげるとすれば、日本代表が初の決勝トーナメント進出を決めたスコットランド戦の前半二一分である。

日本代表の3番具智元がケガでピッチを退いた。スクラムの要である具が序盤で抜けるとゲームプランの変更を余儀なくされる。勝敗を分ける選手交代になるかもしれないと感じた。

次の瞬間、パブリックビューイング会場となった熊谷ラグビー場の大型モニターに具の表情が映し出された。控えの選手たちが、傷めた脇腹をおさえ、大粒の涙をぼろぼろと零《こぼ》す具の肩を叩き、労いの言葉をかける。驚いたのは、パブリックビューイング会場でわき上がった具に対する声援である。

「グー、よくやった！」

「グーくん！」

韓国出身の具が、そして日本代表になった海外出身選手たちが、これほど認知されて、応援されるようになったのか。具の涙とパブリックビューイング会場に響く歓声は、日本の勝利以上に、私の心をふるわせた。

日本社会が変わる兆しを見た気がしたからである。

私は、ラグビー日本代表になった歴代の海外出身選手たちに、来歴や、母国以外の代表となる思いや葛藤を聞き、本書にまとめた。

当初、国籍にこだわらない国家代表のあり方に対する反発は予想以上に大きかった。W杯日本大会直前の二〇一九年八月、日本代表メンバー三一人が発表され、一六人の海外出身選手が選ばれた。発表を受け、私は日本代表と海外出身選手の関係についてコラムを書いた。Ｗｅｂに転載されたとたん、ネット上に様々な意見が投稿された。もちろん好意的なコメントも多かったのだが、否定的に受け止める人が少なくなかった。

〈勝つためなら全員ガイジン引っ張って来いよ。どうせ勝てないんだから全員日本人でやればいい〉

〈半分も外国人なのに日本代表って違和感ありすぎ〉

〈日本国籍ないのに代表になれるスポーツなんか、応援する気も起きん〉

なかには韓国出身の具を名指しで批判したり、ＳＮＳを通して私を反日ライターと罵倒するメッセージを送りつけてきたりする人もいた。

しかし、わずか数週間後、日本代表の躍進により、ネット上には一転して海外出身選手たちへの賞賛があふれることになる。

one team――一つのチームに。

私は流行語にもなった日本代表のスローガンを、いつしか日本代表という一つのチームの枠組みを越え、ラグビーというスポーツを象徴する言葉として受け止めていた。

ラグビーは多様性のスポーツと呼ばれる。国籍にこだわらず、様々なルーツ、文化、宗教、言語を持つ人たちが、一つの国家を代表するから、という理由だけではない。

ラグビーでは、一〇〇キロをこえる巨漢にも、一六〇センチに満たない小兵にも、二メートルをこえるノッポにも、足が遅くても、さほどパワーがなくても、それぞれに特技や長所を活かせるポジションやプレーが必ずある。特徴が異なる一五人が、適材適所に配置され、はじめて一つのチームとして戦えるのだ。

たとえば、俊足を飛ばしてトライを奪うウィングの松島幸太朗が、スクラムの最前線に立つ具のポジションであるプロップとしてプレーしても強みは活かせない。反対に、パワーと重量が武器の具が、空中でボールを奪い合うロックや、司令塔の役割を果たすスタンドオフではチームは十分に機能しないだろう。

自分にはない個性を持ち、異なる役割を果たしてくれる仲間の存在があってこそのチームである。言葉にせずとも、ラグビー経験者なら誰もが感覚的に理解しているのではないか。ラグビーというスポーツの構造に、仲間と結束し、他者を尊重するカルチャーが組み込まれているのである。

国際ラグビーの統轄組織であるワールドラグビーは、ラグビーが持つ価値を守るために、「品位」「情熱」「結束」「規律」「尊重」の五つをコアバリューとするラグビー憲章を掲げている。

W杯日本大会は、ラグビー憲章を体現したイベントだった。

日本代表とアイルランド代表の一戦を機に、私はそれまでさほど意識していなかったラグビー憲章について考えるようになった。

W杯開催前、世界ランキング一位だったアイルランド代表を破るとはどれだけの人が予想していただろうか。金星を拾えるとしたら、世界屈指とも称されるアイルランド代表のスクラムに、日本が対応して押し勝つことが一つの条件だった。その点でも3番の具がキープレーヤーだった。

「海外のスクラムは個々のパワーにまかせてバラバラに押してくる。身体が小さい日本代表がパワーに対抗するには、スクラムを組む八人が結束するしかない。一つの塊になって、全員の意志と力を一点に集中させて、相手のスクラムを分断していく。そんなイメージのスクラムが理想です」

そう話していた具の理想が結実したのが、六対一二のアイルランド代表リードで迎えた前半三五分のスクラムだった。自陣二二メートルで相手ボールスクラムのピンチを迎える。試合後に振り返ると、勝負を左右する重要な局面となった。

レフリーの合図でスクラムが組まれた。

日本が一塊になり、アイルランド代表のプレッシャーに耐える。いや、耐えるだけでなく、逆に押し返した。八人が一体化した日本スクラムに、アイルランドスクラムが分断される。

日本は、このスクラムで奪い取ったペナルティを反撃の糸口とした。田村優のペナルティキックで九対一二として前半を折り返した日本代表は、後半一八分に逆転のトライを決めると、再び田村のペナルティキックで突き放し、一九対一二でアイルランド代表を降す。前回大会の南アフリカ戦を彷彿とさせるジャイアントキリングに日本中がわいた。

アイルランド代表からペナルティを奪ったスクラムに、私は「結束」を見た。

韓国出身の具、ニュージーランド出身のトンプソンルーク、リーチマイケル、オーストラリア出身のジェームス・ムーア、南アフリカ出身のピーター・ラブスカフニ、そして稲垣、堀江翔太、姫野和樹が組んだスクラムが、ルーツや文化の壁をこえた「結束」を具現化したプレーに思えたのである。

さらに心を打ったのは、ノーサイドのあとの光景である。

アイルランド代表の選手たちは客席にあいさつすると二列に並んで花道をつくり、日本代表を拍手でグラウンドから送り出したのである。優勝候補だったアイルランド代表にとって、落とせないゲームだった。悔しくなかったわけがない。それでも、彼らは悔しがる前に、勝者をたたえたのだ。

私は、パブリックビューイング会場のスクリーンを見つめながら、相手を「尊重」し「品位」をもって遇するノーサイド精神を嚙みしめた。

「尊重」は、日本大会期間中、ことあるごとに目にできた。

台風一九号の影響で、岩手県釜石市でのゲームが中止になったカナダ代表は、被災地でボランティアを行った。路上に積もった土砂をスコップでかき出す大男たちに、日本中から感謝の声が送られた。

ファンに謝意を示す各国代表チームの観客席へのお辞儀や、国歌を大声で歌うエスコートキッズも、他文化や他者への「尊重」のあらわれと言えるかもしれない。

ラグビーは、肉体を極限まで鍛え上げ、走り、跳び、ぶつかり、そしてボールを奪い合う。人間が持つ闘争本能を最大限に引き出さなければ、プレーできない原始的なスポーツだ。「情熱」を持って肉体を鍛えたからこそ、二メートル、一二〇キロをこえる巨人にも立ち向かえる。原始的な闘争本能だけでぶつかり合っていたら、やがてただの殴り合いのケンカになってしまう。闘争心を迸《ほとばし》らせつつも「品位」を保ち、「規律」を守れなければ、ピッチに立つ資格はない。

また一五人の選手がばらばらにプレーしていては、チームとして機能しない。“one team”として「結束」できるのは、様々な個性を持つメンバーが「規律」を守るからだ。以前からのファンだけでなく〝にわか〟をも虜にしたのは、プレーの凄みや、試合の迫力……それらを支える選手個々の魅力だけではなかった。ラグビーが内包する「品位」「情熱」「規律」「結束」「尊重」への共感が、熱狂の原点にあったのではないかと思うのだ。

日本代表が勝ち進むと、海外出身選手に対する否定的な声は完全に消えた。

ニュージーランド出身のトンプソンルークは、一度は退いた日本代表に返り咲いた。三八歳は日本代表として史上最年長、しかも四大会連続の出場。自身二度目のW杯直前に「日本人として戦いたい」と日本国籍を取得した。持ち前の献身的なプレーに加え、試合後のコメントも、彼の人間性を感じさせた。

スコットランド戦のあと、相手の健闘をたたえた彼は、前日に東日本をおそった台風一九号の被害に触れたのである。

「台風に比べて、ラグビーは小さいことね。亡くなった人もいる。家がダメージを受けた人は頑張ってください。私たちも頑張るから」

W杯を通して、たくさんの人がトンプソンルークをはじめとする海外出身選手の人柄を知った。〝ガイジン〟という記号ではなく、トンプソンルーク、具智元、リーチマイケル……という一人の日本代表選手、もっと言えば、一人の人間として受け止めるようになったのだろう。反面、気になる発言を耳にするようにもなった。

曰く「彼らは日本人よりも日本人らしい」「大和魂を持つ本当の日本人だ」……。海外出身選手を日本人に同化させるかのような物言いに違和感を覚えた。

よみがえったのは、リーチマイケルの言葉である。

二〇一四年にキャプテンに指名された直後、彼は「悪い意味ではないのですが」と前置きしてから、こんな話をしてくれた。

「ラグビーにも日本人らしさが出ている。日本人はみんなに気を遣ってチームの和を大切にする。ミスをした選手に対して『ドンマイ』『気にするな』と声をかける。でも、それではミスはなくならない。ミスの原因を突き詰めなくなるからです」

ニュージーランドではミスをした選手をなぐさめる前に、なぜミスが起きたのか原因を追究し、ディスカッションするという。

「ぼくはニュージーランド人だから、日本人のマネをして日本人らしくなってはダメなんじゃないかと思うんです。いい面とダメな面を分けて考えなければな、と」

リーチが日本を深く学ぶために「君が代」の歌詞に出る「さざれ石」を見学したり、俳句を学んだりしたことは、広く知られるようになった。とはいえ、日本や日本文化を学ぶ彼らに、日本人らしさや、愛国心を求めることは何かが違う気がする。

多様な文化や価値観を持つ選手たちが、互いの違いを認め合って、時に異なる考え方を学び、時に衝突しながら、一つのチームをつくる。そこが、ラグビー日本代表の面白さであり、強さの原点だと感じるのだ。

個を個として、尊重する。私たちが日本代表から学ぶべきは、人として、そんな当然のあり方なのではないか。W杯日本大会をきっかけに日本代表の海外出身選手たちは名前と顔を持つ一人の人間として知られるようになった。これからの社会には、そうした視線が求められるのではないかと考えていたのである。

しかし――。

W杯日本大会開催の前年、二〇一八年に外国人労働者の受け入れ増を目的とする法改正が行われ、日本政府は二〇一九年度に最大四万七五五〇人の技能実習生を受け入れ、その後の五年間で最大三四万五一五〇人を受け入れるという試算を出した。現実に、二〇二二年末の時点で、三二万四九四〇人もの技能実習生が日本で暮らしている。

この間、たくさんの問題があらわになった。技能実習生に対する雇用主の暴行や差別、来日した技能実習生が不当に背負わされる多額の借金、低賃金や労働環境に耐えられない技能実習生の失踪……。

本書のプロローグに、私は〈今後、日本の姿は、間違いなく変わっていくはずだ。そのプロセスで、ボタンを掛け違えれば、新たな差別を生み出し、分断は広がっていくに違いない〉と書いた。

まさか、四年足らずで危惧が現実になるとは思ってもいなかった。さらに、二〇二三年六月には、本来、人道的に保護すべき難民を、危険がある本国に送り返すことを可能にする「出入国管理・難民認定法改正案」が国会で可決され成立した。

スポーツは社会と切り離されて存在はできない。スポーツには、社会のありようが色濃く反映されるはずだ。それなのに、いまの日本社会は二〇一九年秋から遠く離れ、断絶したようにすら感じられる。四年前に繰り広げられた光景は、幻だったのか。暗澹たる思いを抱くたび、私は一人の男の言葉を思い起こした。戦後はじめて海外出身者として日本代表になったノフォムリ・タウモエフォラウである。

「私は、日本でラグビーをして、サラリーマンとして働いたから、日本人のマナーのよさや、勤勉さを学べた。外国で暮らせば、自分の足りないものをその国からもらえる。もしもその国に足りないものがあれば、こっちがちょっと足してあげる。それはラグビーでも、普通の生活でも同じなんじゃないかな」

シンプルだが理想的な人間同士のありようを、トンガで生まれ育ったノフォムリの生き方が示してくれているように思えるのである。

ノフォムリはW杯の日本戦のあと、決まって電話をくれて、戦評や次のゲームのポイントなどを教えてくれた。スコットランド戦に勝利し、初の決勝トーナメント進出を決めた直後、彼は泣いていた。

「日本代表は、一つのチームになった。みんな仲間を信頼していた。強くなったね。私も、昔、一緒に戦った仲間たちを思い出しましたよ。平尾さん（誠二）も、洞口さん（孝治）も、もう亡くなってしまったけど……。本当にうれしくってね、泣きそうになったよ」

声を詰まらせるノフォムリの言葉に思った。

彼らが長年積み重ねてきた、他者を仲間として受け入れ、ともに戦ってきた日本代表のカルチャーが、いま開花したのだ、と。

信頼する仲間たちと力を合わせて、強大な相手にも怯まずに向かっていく。ラグビー日本代表から発せられたメッセージは、一つのスポーツという枠組みをこえていた。だから見る者の心をつかんで、日本中を熱狂させたのである。

熱狂にいたるまでには、ノフォムリの来日から三九年もの歳月を要した。そのプロセスで数多の海外出身選手たちの苦労や葛藤、挫折があった。受け入れる日本側にも、戸惑いや気づき、努力があった。それは、過去の話ではない。社会はいままさに変容している。だからこそ、ラグビーというスポーツが内包する本質的な魅力に、海外出身の選手たちを受け入れた関係者たちの思いに、そして日本代表になった外国人選手たちの歩みに、もう一度、目を向けてほしいと思うのだ。

二〇二三年七月　　　　山川 徹

主要参考文献

青柳まちこ編著『ニュージーランドを知るための63章』（明石書店、二〇〇八年）

生島淳著『エディー・ウォーズ』（文藝春秋、二〇一六年）

伊藤健治著『アンガス――A・F・マコーミック伝』（洋泉社、一九九九年）

大友信彦著『釜石の夢――被災地でワールドカップを』（講談社、二〇一五年）

スポーツグラフィックナンバー編『桜の軌跡――ラグビー日本代表苦闘と栄光の25年史』（文藝春秋、二〇一六年）

須藤健一著『オセアニアの人類学――海外移住・民主化・伝統の政治』（風響社、二〇〇八年）

永田洋光著『新・ラグビーの逆襲――日本ラグビーが「世界」をとる日』（言視舎、二〇一七年）

中村裕著『冬の少年たち』（双葉社、一九九三年）

日比野弘著『ラグビー』（ベースボール・マガジン社、一九八〇年）

日比野弘編著『日比野弘の日本ラグビー全史』（ベースボール・マガジン社、二〇一一年）

平尾誠二著『「日本型」思考法ではもう勝てない』（ダイヤモンド社、二〇〇一年）

廣瀬俊朗著『なんのために勝つのか。――ラグビー日本代表を結束させたリーダーシップ論』（東洋館出版社、二〇一五年）

吉岡政徳／石森大知編著『南太平洋を知るための58章――メラネシア　ポリネシア』（明石書店、二〇一〇年）

このほか、『ラグビーマガジン』（ベースボール・マガジン社）、『Sports Graphic Number』（文藝春秋）を参照した。

解説

平尾剛

ノフォムリ、ホポイ、ラトゥにナモア……。現役時代に見覚えや聞き覚えのある名前のあの選手たちが、人知れず地固めしていたのか。ブリ（ニールソン）、アンガス（マコーミック）、ジェイ（シオネ・ラトゥ）にロペティ（オト）……。私がともにプレーした後輩や先輩がそれに続き、種を蒔いたんだな。ホラニ龍コリニアシ、トンプソンルーク、金喆元に具智元……。引退してから見聞きしただけのはるか年下の彼らが水を撒き、枝葉を伸ばした「大きな樹」がいま青々とした葉を茂らせているのか……。

読後の率直な感想である。

一九七五年生まれで、一九八八年から二〇〇七年まで現役選手だった私は、著者と同世代である。直接的な関わりはなかったものの、かつてプレイした時代が重なるから自ずと当時が思い出される。ページを捲る手が止まらなかった。名前は知っている、あるいは面識のある外国人選手たちのグラウンド外での「素顔」が、客観性を担保しながらも元選手としての実感をちりばめつつ描かれている。それに引き込まれた。

読み進めるなかで、知らず知らずのうちに私は自らの競技経験を振り返っていた。一気に読み終えて本を閉じたあと、私のラグビー経験はその厚みを増した。優勝経験や代表歴を線でつないだだけの履歴書的な競技経験に、奥行きがもたらされたのである。

一九九九年に行われたワールドカップウェールズ大会にともに出場したアンガスが、元オールブラックスの父と祖父からの重圧を感じながらプレーしていたこと。年代別代表候補合宿でいっしょになったブリが、王国ニュージーランドのプライドを背負いながら、〝ガイジン〟と呼ばれることに怒りを抱えていたこと。かつてのチームメイトが抱いていた当時の心境を知り、年を重ねるにつれてその記憶が薄らいでゆく「私のラグビー経験」が、彼らと関わるなかで築かれたかけがえのない営みだったと思えたのだ。

スポーツ選手は、優勝歴や代表歴という結果のみならず、それらを目指すプロセスにおいてたくさんのことを身につける。たくましい体格、忍耐力や克己心、社会性や創造性に礼儀や倫理観などを、スポーツそれぞれの特性に応じて体得してゆく。外国籍でもその国の代表選手になれるラグビーでは、異文化コミュニケーションや多様性を重んじる精神も身につく。対戦相手としてはもちろん、チームメイトとしても外国人選手と接する機会が多いからだ。

片言の英語と片言の日本語でコミュニケーションをとりながらともにプレーするなかで、

私がいつも目を奪われたのは彼らのひたむきさだった。激しいタックルがその象徴で、荒々しさのなかにも美しさが垣間見えるコンタクトプレーはまさに異次元だった。まだ未熟だった私は、あのひたむきさが体格に優り、経験も豊富な外国人に特有のアグレッシブさだと解釈していたが、大きな誤解だった。

彼らは、祖国を離れた寂しさにつぶされそうになりながら、食や言語の違いに戸惑いつつ懸命にプレーしていた。彼らもまた私たちと同じ感情の揺れに翻弄されるひとりの人間で、ためらいながらも置かれた立場で全力を尽くしていただけなのだ。家族と離れ、知己も少ないなかで使命や責任を自問自答しながら全うする。それゆえの、ひたむきさだった。

彼らとともにプレーした経験が私にはある。そう思うと誇らしく感じた。

ラグビーをやっていてよかった。ようやく心からそう思えた。

二〇〇七年に現役を引退した直後、私はラグビーから離れたくて仕方がなかった。脳震盪の後遺症が原因で現役を続けられなくなり、失意のなかで引退を余儀なくされたことがその主因だ。これまでの人生をラグビーに捧げてきた反動で燃え尽きたわけだ。テレビで試合を観るのもツラいし、かつてのチームメイトを含めラグビー関係者に会うこともためらわれた。こんな思いをするならラグビーなんかするんじゃなかった。そう投げやりになった日もあった。

しばらくすると、この苦悩も徐々に和らいで冷静さを取り戻していった。それでもこのラグビーへの複雑な思いはしつこかった。好きと嫌いが同居する心持ちが続くなかで、いつごろからか、自分はなぜラグビーを選んだのだろうと問い始めた。サッカーでも野球でもなく、なぜラグビーだったのか。そしてなぜこれほどまでに魅了されたのか。魅了されながらも、なぜその気持ちに素直になれないのかと。

引退して一六年が経ったいまもまだ、これらの問いには明確な答えがみつかっていない。臨床哲学者の鷲田清一氏は、問い続けること自体が答えになる問いがこの世にあるという。これは「人生の意味は？」「人の幸せとは？」などの哲学的で大きな問いのことを指す。私が抱えるこれらの問いは、まさに鷲田氏のいう「答えのない問い」に類すると思う。もしかすると長らくひとつのスポーツを続けたアスリートなら、私のこの苦悩を理解できるかもしれない。レギュラー争いや勝敗の競い合いに明け暮れるうちに大切ななにかを見過ごしてきたのではないか。この疑問を抱いたことのある人なら共感してくれるかもしれない。

それだけ真剣に取り組んだからこそ、この問いを抱えざるを得ないのだといえば聞こえはいい。だがその実は、勝利を追求することにほとんどすべての労力を費やし、置かれた環境に目を向けてそれを具《つぶさ》に観察する態度を置き去りにした結果だ。つまりは勝敗にかまけて、大切なものを見落としていた。

「答えのない問い」は、問い続けるなかで部分的には納得できる答えらしきものがみつかる。それをかき集めてまた問い続ける。するとまた答えらしきものがみつかる。そうして繰り返すうちに朧《おぼろ》げながら求めるものの全体像がぼんやりと浮かび上がる。

私にとってラグビーがどのような意味を持つのか。そう問い続ける私は、本書を読んでまたひとつ「部分的に納得できる答えらしきもの」がみつかった。これが先に記した「ラグビーをやってきてよかった」と思えた理由である。

通読中に、もし現役時代にこの本を手に取っていたらと、何度、想像しただろう。本書で描かれている異文化交流を内包するラグビーの素晴らしき一面を理解していれば、私の競技経験はもっと充実したものになっただろう。チームにいる外国人にはもっと積極的に接しただろうし、対戦相手の外国人には試合後に必ず声を掛けたに違いない。ちょっとした後悔が入り混じるまさに夢想が、幾度も脳裏に去来した。

そういえば、神戸製鋼時代のチームメイトで元オールブラックスのロイシー（ロイス・ウィリス）は、ラグビーをやっていてよかったのは世界中に友達ができたことだと口にしていた。ラグビーを通じれば出自の違う他者とも交流できる。友達になれる。現役選手だったときにこの言葉を口にしたロイシーは、すでにラグビーの本質をつかんでいたように思う。彼のラグビー経験は、私のそれよりも充実していたのは論を俟《ま》たない。異文化交流を最たる目的にラグビーに取り組む姿勢は、選手としてのレベルアップだけでなく、人としての成熟に大いに寄与するからだ。

だから、いまラグビーに励む現役選手にはぜひ一読を勧めたい。平易なことばで綴られた本書は、中学生なら十分に理解できるはずだ。小学生には難しいかもしれないが、代わりにその保護者に読んでいただきたい。ラグビーで育むことができる資質を理解すれば、子供への接し方が変わってくるだろうからだ。

勝利を得ることでもたらされる自信や敗北を糧に得られるタフさだけが、ラグビーで身につく資質ではない。外国人と接するなかで差別感情が和らぎ、やがてそれが真っ当な人権意識を醸成する。見た目も文化も異なる外国人は、子供にとっては他者の象徴だ。彼らとともにプレーする環境は、自分と境遇が異なる他者とつながる作法を身につける場となる。少なくとも「ガイジン」という呼称は口にしなくなるだろう。本書を読んでそれを理解した大人が増えれば、子供を取り巻く環境は確実にバージョンアップする。

さらにいえば、ラグビー関係者のみならずすべての人に本書を勧めたい。

スポーツにまつわるテクストは、競技能力に長《た》けた有名選手にスポットライトを当てたものがほとんどだ。往々にしてその競技をよく知るファンや関係者に向けて書かれたものが多い。その点、本書は、ポジションの特性や専門用語を丁寧に解説するなど、ラグビーをよく知らない人に向けて開かれている。ラグビーの競技的な特性やそのよさを、高ぶる感情を抑えながら実に冷静な筆致で伝えようと試みるその構えからは、ラグビー界の外側にいる人たちをも想定読者にしていると思われる。プロローグにある、二〇〇〇年代前半に在日コリアンや韓国を標的にしたヘイトスピーチが出現して以降、外国人排除を公約に掲げる政党が誕生したことを指摘し、「人の尊厳を踏みにじるあまりに不寛容な言葉が社会に定着してしまった気味悪さを感じる」という記述からも、それは明らかだ。

つまり著者は、近年、高まりつつある外国人排除のムードに危機感を募らせ、これを払拭するためにラグビーの取り組みが有用ではないかと静かに主張している。ラグビーというスポーツの本質を明らかにすることを通じて、この社会から差別をなくそうとしているのである。

折りしもこの六月には、入管難民法改正案が国会で可決された。「無実の人に死刑執行ボタンを押すに等しい」と有識者が指摘しているにもかかわらず、である。外国人排除のムードは、在留外国人が二〇二二年末時点で三〇〇万人を超えるいまもなお高まりつつある。だからこそ著者の実直なこのまなざしを、ひとりでも多くの人に知ってほしいと願う。

先日訪れたとある中学校で体育の授業を見学する機会に恵まれた。そこではアジア出身と思しきひとりの生徒が楽しそうにバレーボールに興じていた。すっかり溶け込んでいるその雰囲気が、とても微笑ましかった。まだ一〇代の子供たちは、たとえ国籍が違ってもともに学ぶ仲間として彼と触れ合っている。その光景が私には希望に見えた。

ラグビーなら、あの寛容さが身につく。紆余曲折を経たひとりのラグビー経験者が本書を読み終えたいま、それを確信している。引き続き著者には外国人選手への取材を続けていただき、第二弾、第三弾を出版してほしい。

（ひらお　つよし／元ラグビー日本代表）

『国境を越えたスクラム　ラグビー日本代表になった外国人選手たち』
二〇一九年八月　中央公論新社刊

中公文庫

国境《こっきょう》を越《こ》えたスクラム
——ラグビー日本代表《にほんだいひょう》になった外国人選手《がいこくじんせんしゅ》たち

2023年 8 月25日　初版発行

著　者　山《やま》　川《かわ》　徹《とおる》

発行者　安 部 順 一

発行所　中央公論新社
〒100-8152　東京都千代田区大手町 1-7-1
電話　販売 03-5299-1730　編集 03-5299-1890
URL https://www.chuko.co.jp/

ＤＴＰ　市川真樹子
印　刷　三晃印刷
製　本　小泉製本

Published by CHUOKORON-SHINSHA, INC.
Printed in Japan　ISBN978-4-12-207409-5 C1175

各書目の下段の数字はISBNコードです。978－4－12が省略してあります。

中公文庫既刊より

あ-13-4　**お早く御乗車ねがいます**　阿川弘之

にせ車掌体験記、日米汽車くらべなど、日本のみならず世界中の鉄道に詳しい著者が昭和三三年に刊行した鉄道エッセイ集が初の文庫化。〈解説〉関川夏央

205537-7

あ-13-5　**空旅・船旅・汽車の旅**　阿川弘之

鉄道のみならず、自動車・飛行機・船と、乗り物全般に並々ならぬ好奇心を燃やす著者。高度成長期前夜の交通文化が生き生きとした筆致で甦る。〈解説〉関川夏央

206053-1

あ-13-6　**食味風々録**　阿川弘之

生まれて初めて食べたチーズ、向田邦子との美味談義、海軍時代の食事話など、多彩な料理と交友を綴る、自叙伝的食随筆。〈巻末対談〉阿川佐和子〈解説〉奥本大三郎

206156-9

あ-13-8　**完全版　南蛮阿房列車（上）**　阿川弘之

北杜夫ら珍友・奇人を道連れに、異国の鉄道を乗りまくる。ユーモアと臨場感が満載の鉄道紀行。上巻は「欧州畸人特急」から「最終オリエント急行」までの十篇。

206519-2

あ-13-9　**完全版　南蛮阿房列車（下）**　阿川弘之

ただ汽車に乗るためだけに、世界の隅々まで出かけた紀行文学の名作。下巻は「カンガルー阿房列車」から「ピラミッド阿房列車」までの十篇。〈解説〉関川夏央

206520-8

あ-13-10　**海軍こぼれ話**　阿川弘之

自ら海軍に進んだ著者が、提督三部作や『軍艦長門の生涯』には書けなかった海軍を綴る人間味溢れるエッセイ五〇篇。講演録「日本海軍の伝統と気風」を増補。

207361-6

い-13-5　**生きている兵隊（伏字復元版）**　石川達三

戦時の兵士のすがたと心理を生々しく描き、そのリアリティ故に伏字とされ発表された、戦争文学の傑作。伏字部分に傍線をつけた、完全復刻版。

203457-0